HOCHSCHUL-SCHRIFTEN ZUM PERSONALWESEN

herausgegeben von

Dr. Thomas R. Hummel, Freie Universität Berlin

Prof. Dr. Ernst Zander, Freie Universität Berlin

Band 1

Bernhard Kadow

Der Einsatz von Personalinformationssystemen als Instrument der Personalführung und -verwaltung

Ergebnisse der Fallstudien

RAINER HAMPP VERLAG   MÜNCHEN   1986

Diese Arbeit entstand am Fachbereich Wirtschaftswissenschaft
der Freien Universität Berlin.

CIP-Kurztitelaufnahme der Deutschen Bibliothek

```
Kadow, Bernhard:
Der Einsatz von Personalinformationssystemen als
Instrument der Personalführung und -verwaltung:
Ergebnisse d. Fallstudien / Bernhard Kadow. -
München : Hampp, 1986.
    (Hochschulschriften zum Personalwesen ; Bd. 1)
    ISSN 0179-325X
    ISBN 3-924346-24-0

NE: GT
```

Copyright: Rainer Hampp Verlag
          Rosenheimerstr. 44
          8000 München 80

Alle Rechte vorbehalten.   ISSN 0179-325X
                                        ISBN 3-924346-24-0

GELEITWORT

In der Reihe HOCHSCHULSCHRIFTEN ZUM PERSONALWESEN erscheinen Arbeiten, die im wesentlichen aus universitären Forschungszusammenhängen entstanden sind. Charakteristisch für die Schriftenreihe ist, daß die einzelnen Bände praxisnah und wissenschaftlich fundiert einen Themenbereich aus dem Personalwesen behandeln. Sie wendet sich damit an Wissenschaftler und Studierende des Personalwesens sowie an den interessierten Praktiker in Wirtschaft und Verwaltung.

Der vorliegende Band 1 von Bernhard Kadow beschäftigt sich mit einem Thema, welches in jüngster Zeit - sowohl praktisch als auch theoretisch - zu heftigen Kontroversen geführt hat. Umso beachtenswerter ist es daher, wenn diesem komplexen Thema in gelungener Art und Weise Aufmerksamkeit geschenkt wird.

In seiner in insgesamt sechs Teile gegliederten Arbeit befaßt sich der Autor zunächst mit der Herausarbeitung des Stellenwerts von Personalinformationssystemen im Rahmen des betrieblichen Personalwesens. Den Hauptteil der Arbeit bildet die Diskussion zweier eigener Fallstudien, die anhand persönlicher Interviews bei der Reemtsma GmbH & Co Hamburg und der Volkswagen AG Wolfsburg durchgeführt wurden. Unterschiede und Gemeinsamkeiten der beiden Systeme werden dabei herausgearbeitet und in konstruktiver Weise weiterentwickelt.

In diesem Sinne kann der Band vor allem auch für Führungskräfte in Unternehmen als wichtiger Ratgeber angesehen werden.

Berlin, im Januar 1986　　　　　　　　　　　　　　　　　　Die Herausgeber

Seite

1. EINLEITUNG 1
  1.1. Abgrenzung des Untersuchungsgegenstandes 1
      und einleitende Bemerkungen
  1.2. Verlaufsbeschreibung 2

2. PERSONALINFORMATIONSSYSTEME ALS NOTWENDIGES 4
   INSTRUMENT DER PERSONALFÜHRUNG UND -VERWALTUNG
  2.1. Der betriebliche Funktionsbereich Personalwesen 4
      2.1.1. Die historischen Entwicklungslinien des 4
            Personalwesens
      2.1.2. Die tradiotionelle Unterteilung des 7
            Personalwesens
      2.1.3. Die funktionsorientierte Gliederung 9
            des Personalwesens
      2.1.4. Die Ziele, Aufgaben und Instrumente des 11
            des Funktionsbereiches Personalwesen
  2.2. Personalinformationssysteme - Begriff und 16
      Inhalt
      2.2.1. Definitionen 16
      2.2.2. Ziele eines edv-gestützten Personal- 20
            informationssystems
      2.2.3. Aufgaben und Einsatzbereiche eines 24
            edv-gestützten Personalinformationssystems
      2.2.4. Die Strukturen eines edv-gestützten 28
            Personalinformationssystems
      2.2.5. Die Entwicklungsphasen eines edv- 32
            gestützten Personalinformationssystems

  2.3. Zusammenfassung 38

Seite

3. DIE RECHTLICHEN PROBLEME BEI PLANUNG, EINFÜHRUNG 39
UND BETRIEB EINES EDV-GESTÜTZTEN PERSONALINFORMA-
TIONSSYSTEMS
   3.1. Die Beteiligungsrechte der Arbeitnehmerver- 40
       tretungen bei Planung, Einführung und Betrieb
       eines edv-gestützten Personalinformationssystems
       3.1.1. Die Mitwirkungsrechte begründenden Vor- 43
            schriften des Betr.Verf.G. von 1972
       3.1.2. Die Mitbestimmungsrechte begründenden 46
            Vorschriften des Betr.Verf.G. von 1972
   3.2. Die Beurteilung von edv-gestützten Personal- 49
       informationssystemen aus der Sicht des
       Bundesdatenschutzgesetzes
       3.2.1. Datenverarbeitung und edv-gestützte 51
            Personalinformationssysteme
       3.2.2. Datensicherung und edv-gestützte 52
            Personalinformationssysteme
       3.2.3. Die Rechte der Arbeitnehmer auf der 53
            Grundlage des Bundesdatenschutzgesetzes
       3.2.4. Die Kontrolle des betrieblichen Daten- 54
            schutzes
   3.3. Chance oder Gefahr - Betriebsvereinbarungen 57
       und edv-gestützte Personalinformationssysteme
       3.3.1. Grundstrukturen von Betriebsvereinba- 58
            rungen über edv-gestützte Personalinfor-
            mationssysteme
       3.3.2. Die Position der Anwender (Unternehmen) 60
            von edv-gestützten Personalinformations-
            systemen
       3.3.3. Die Position der Gewerkschaften und 61
            Betriebsräte
   3.4. Zusammenfassung 64

  Seite

4. DIE PERSONALPLANUNG UND IHRE GESTALTUNG UNTER   65
   ZUHILFENAHME EDV-GESTÜTZTER PERSONALINFORMATIONS-
   SYSTEME
   4.1. Die betriebliche Personalplanung   65
        4.1.1. Die Teilbereiche der Personalplanung   68
        4.1.2. Die Voraussetzungen für die Personal-   75
               planung
   4.2. Ein edv-gestütztes Gesamtkonzept der Personal-   76
        planung
        4.2.1. Der Bezugsrahmen für ein edv-gestütztes   76
               Personalplanungskonzept
        4.2.2. Die Bereiche und Formen der edv-ge   80
               stützten Personalplanung
        4.2.3. Die Integration der edv-gestützten   82
               Teilplanungsaktivitäten in ein
               Gesamtkonzept
   4.3. Der Einsatz edv-gestützter Personalinforma-   83
        tionssysteme am Beispiel der Personal-
        entwicklungsplanung
        4.3.1. Definition, Zielsetzung und Aufgaben   84
               der Personalentwicklungsplanung
        4.3.2. Der Einsatz der EDV in der Personal-   85
               entwicklungsplanung
        4.3.3. Bewertung des Einsatzes der EDV in der   89
               Personalentwicklungsplanung
   4.4. Zusammenfassung

	Seite
5. DIE PROFILE IN ANWENDUNG BEFINDLICHER PERSONAL-INFORMATIONSSYSTEME - ERGEBNISSE DER FALLSTUDIEN	92
5.1. Die Ist-Analyse des Personalinformationssystems der Reemtsma KG Hamburg	93
5.1.1. P A S (Personal - Abrechnungs - System) - das Personalinformationssytem der Reemtsma KG	94
5.1.2. Die Anwendung von PAS - Aufgaben und benötigte Daten	99
5.1.3. PAS und der Schutz personenbezogener Daten	100
5.1.4. PAS und die Position des Betriebsrates	102
5.1.5. PAS und seine Auswirkungen	103
5.2. Die Ist-Analyse des Personalinformationssystems der Volkswagenwerk AG Wolfsburg	104
5.2.1. P E D A T I S (Personal Daten Informationssystem der Volkswagenwerk AG Wolfsburg	105
5.2.2. Die Anwendung von PEDATIS - Aufgaben und benötigte Angaben	109
5.2.3. PEDATIS und der Schutz personenbezogener Daten	113
5.2.4. PEDATIS und die Position des Betriebsrates	115
5.2.5. PEDATIS und seine Auswirkungen	116
5.3. Der Vergleich der vorgestellten Personalinformationssysteme - Parallelen und Unterschiede	117
5.4. Personalinformationssysteme - Praxis versus Theorie	122
5.5. Zusammenfassung	127

Seite

6. SCHLUßBETRACHTUNG UND AUSBLICK 128

Anhang

A: Gesprächsleitfaden für die Fallstudien 129

B: Betriebsvereinbarung der Volkswagenwerk AG 133
zum <u>Personenbezogenen Datenschutz</u> und zur
<u>Unterrichtung und Beratung über Systemvor-</u>
<u>haben der Informationsverarbeitung</u>

C: Musterbetriebsvereinbarung "Schutz von per- 136
sonenbezogenen Daten beim Einsatz des Personaldatensystems und anderer Informationssysteme" der ÖTV

Literaturverzeichnis 139

Seite

Abbildungsverzeichnis

Abb. 1:	Die Entwicklungsphase des Personalwesens	8
Abb. 2:	Die Ziele des Personalwesens	12
Abb. 3:	Die Ziele eines Personalinformationssystems	21
Abb. 4:	Gestaltungsziele eines Personalinformationssystems	23
Abb. 5:	Wahrzunehmende Aufgaben eines Personalinformationssystems	26
Abb. 6:	Struktur eines Personalinformationssystems	29
Abb. 7:	Die Entwicklung eines DV-Verfahrens als Prozeß	35
Abb. 8:	Das Konzept der miteinander vermaschten Planungsteams der Gebr. SCHNELLE	37
Abb. 9:	Wesentliche Unterschiede zwischen Auskunfts-/ Einsichtsrecht nach dem BDSG und Betr.Verf.G.	55
Abb. 10:	Schematischer Konfliktverlauf zwischen Arbeitgeber und Betriebsrat	63
Abb. 11:	Übersicht über die Personalplanung	68
Abb. 12:	Die Personalplanung und ihre Teilbereiche	69
Abb. 13:	Personalbedarf im Zeitablauf	70
Abb. 14:	Methoden der Personalbeschaffung	72
Abb. 15:	Die Personalplanung als Prozeß	74
Abb. 16:	Das Grundmodell eines Bezugsrahmens für die Personalplanung	77
Abb. 17:	Personalbedarfs- und Beschaffungsplanung mittels eines Personalinformationssystems	78
Abb. 18:	Personalentwicklungs- und Einsatzplanung mittels eines Personalinformationssystems	79
Abb. 19:	Ein Gesamtkonzept der edv-gestützten Personalplanung	83
Abb. 20:	Die Auswertung der Mitarbeiterbeurteilung	88

  Seite

Abb. 21: Die Hauptfunktionsbereiche und Kompo-   96
         nenten von PAISY
Abb. 22: Das PAISY Informations- und Datengenerator-   98
         System und seine wesentlichen Funktionen
Abb. 23: Der Informationsfluß vor dem Einsatz eines   106
         edv-gestützten Personalinformationssystems
Abb. 24: Der Informationsfluß mit Hilfe eines edv-   108
         gestützten Personalinformationssystems
Abb. 25: Das EDV-System PEDATIS (Entwicklungsstand 1979) 110

  Seite

Tab. 1: Instrumente des Personalbereichs   15
Tab. 2: Computergestützte Personalinformations-   17
        systeme und einige Anwender
Tab. 3: Phasengliederung des Gestaltungsprozesses von   33
        edv-gestützten Personalinformationssystemen
Tab. 4: Einordnung der Personalplanung in die Unter-   67
        nehmensplanung
Tab. 5: Mindest-Datengerüst einer Personalplanung   75
Tab. 6: Personalentwicklungsplanung mittels EDV   90
Tab. 7: Empfohlener Datensatz für PAISY   101
Tab. 8: Die Aufgabenfelder von PEDATIS   112

1. EINLEITUNG

1.1. Abgrenzung des Untersuchungsgegenstandes und einleitende Bemerkung

Konstatiert man für die vergangenen zwanzig Jahre einen einschneidenden technologischen, gesellschaftlichen und rechtlichen Wandel und dadurch bedingt das Auftauchen neuer Aufgabenstellungen im Personalwesen, so wird unmittelbar deutlich, daß im gleichen Umfang neue Verfahren, Methoden und Instrumente zur Erfüllung dieser Problemstellung benötigt werden.
Ein grundsätzlich geeignetes Instrument zur Lösung dieser Aufgaben, denen eine Fülle von Informationsgewinnungs-, -verarbeitungs- und -auswertungsproblemen gemein ist, stellen datenverarbeitungsgestützte Personalinformationssysteme dar. Sie sind als ein der technologischen Entwicklung adäquates (neues) Instrument des Personalbereichs zu bezeichnen und werden in naher Zukunft die manuellen Verfahren der Sammlung und Auswertung in Listen, Karteien, Akten, Fragebögen usw. ablösen bzw. ersetzen (vgl. KILIAN 1982a, S. 1, SPIE 1983a, S. V).
Durch Planung, Implementierung bzw. den Betrieb von Informationssystemen im Personalbereich mittels EDV wird eine qualitativ neue Dimension der betrieblichen Informationsverarbeitung erreicht und betreten. Der besonders sensible Bereich der personen- und personalbezogenen Daten, der zentraler Inhalt der Systeme ist, unterscheidet Personalinformationssysteme von anderen betrieblichen Informationssystemen. Gleichzeitig stellt er Ursache und Ausgangspunkt für die anhaltende, sich verschärfende Auseinandersetzung in den Unternehmen und der teilweise in der Öffentlichkeit geführten Diskussion dar.
Die emotionalisierte Auseinandersetzung der betrieblichen Sozialpartner, die sich einerseits durch Schlagworte wie "Der gläserne Arbeitnehmer", "Der große Bruder im Betrieb" und "Die Totalkontrolle im Betrieb", andererseits durch Äußerungen, die die absolute wirtschaftliche Notwendigkeit von Personalinformationssystemen in den

Vordergrund rücken, charakterisieren läßt, bezieht sich i. d. R. auf Nutzungen der Systeme für dispositive Aufgaben (Planungs- und Entscheidungsaufgaben wie z. B. die Personalplanung). Die Verwendung im verwaltenden Teilbereich, also dem Teil, in dem vorwiegend Durchführungs- und Kontrollaufgaben anfallen (vgl. DOMSCH 1980, S. 13), scheinen hingegen nicht in diesem Maße als strittig angesehen zu werden.

Die Personalplanung, an der exemplarisch die Entwicklung der datenverarbeitungsgestützten Nutzung aufgezeigt wird, ist, neben Personalführung und -steuerung, ein Element der dispositiven Personalarbeit. Sie wird in dem hier verwandten Kontext als ein Instrument des Führungsprozesses (i. w. S.) bzw. der Bewältigung der veränderten Führungssituation bezeichnet (vgl. DOMSCH 1980, S. 16, WOLF-KÜPPEN 1984, S. 52, NÜSSGENS 1975, S. 18, ASCHOFF/KELLERMANN 1978, S. 194).

Aus der oben beschriebenen Situation entstand die Idee für diese Arbeit. Mein Anliegen ist es, die Grundlagen und die Entwicklung von Personalinformationssystemen aufzuzeigen, sowie zu einer sachlichen Beschreibung der konfliktären Situation beizutragen.

1.2. Verlaufsbeschreibung

Im zweiten Kapitel der Arbeit werde ich Personalinformationssysteme in bezug auf ihre <u>Ziele</u>, auf ihre <u>Aufgaben</u> und <u>Einsatzbereiche</u>, ihre <u>Strukturen</u> und <u>Phasen der Entstehung</u> hin untersuchen und beschreiben. Es wird der Zweck verfolgt, ein grundlegendes Verständnis der <u>Funktionsweise</u> von Personalinformationssystemen als modernes Instrument der Personalführung und -verwaltung beim Leser zu erzeugen. Dazu erscheint es mir notwendig und angebracht, einleitend einen Überblick über den betrieblichen Funktionsbereich Personalwesen und seiner Teilbereiche, sowie den entsprechend zugeordneten Aufgaben und Zielen zu geben.

Nachdem die grundlegenden Funktionsprinzipien von Personalinformationssystemen geklärt sind, widmet sich das dritte Kapitel den durch

Einführung und Betrieb entstehenden rechtlichen Problemen. Dabei
wird die Betrachtung auf die drei Aspekte
- Betriebsverfassungsgesetz 1972 (Betr.Verf.G. 1972),
- Bundesdatenschutzgesetz (BDSG) und
- Tarifverträge (TV) und Betriebsvereinbarungen (BV)
begrenzt. Es wird demzufolge grundlegend zwischen gesetzlich geregelter und vertraglicher, durch die betrieblichen Sozialpartner auszugestaltender Ebene unterschieden.

In Kapitel vier wird die Personalplanung als Anwendungsgebiet von Personalinformationssystemen in den Vordergrund der Betrachtung gestellt. Die "klassische" Personalplanung - also die Vorstellungen der Betriebswirtschaftslehre bzgl. der Ziele, Aufgaben, Methoden und Instrumente, sowie deren Einordnung in das betriebliche Planungsgefüge - und ihre Wirkungsmechanismen werden am Beginn des Kapitels beschrieben. Im Anschluß wird ihre Weiterentwicklung unter Zuhilfenahme datenverarbeitungsgestützter Personalinformationssysteme aufgezeigt. Besondere Beachtung finden die Anwendungsmöglichkeiten, die erst durch den Einsatz der Datenverarbeitung (DV) realisiert werden können und Auswirkungen auf die Quantität und Qualität der personalpolitischen Entscheidungsgrundlage haben.

Um die Arbeit nicht ausschließlich auf theoretische Betrachtungen zu beschränken, werden im fünften Kapitel zwei Fallstudien eingeführt, die die Darstellung in Anwendung befindlicher Personalinformationssysteme zum Inhalt haben. Die Firmen Volkswagenwerk AG Wolfsburg und Reemtsma Cigarettenfabriken GmbH Hamburg waren so freundlich, sich als Untersuchungsobjekte zur Verfügung zu stellen.

Nachdem die theoretischen Grundlagen in Kapitel zwei und vier und die betriebliche Realität, mittels der in Kapitel fünf vorgestellten Fallstudien, dargelegt worden sind, wird ein Vergleich zwischen den beiden Fallstudien und zwischen den theoretischen Vorstellungen der Betriebswirtschaftslehre und den Ergebnissen der Fallstudien - also der Praxis - vorgelegt. Besondere Aufmerksamkeit wird dem Verhältnis von Wissenschaft und Praxis geschenkt (exemplarisch ergeben sich Fragestellungen wie:

- Welche Anforderungen stellt die Praxis an theoretische Modelle?
- Welche praxisrelevanten Ergebnisse kann die Wissenschaft vorweisen?
- etc.).

Abgeschlossen wird die Arbeit durch einen Ausblick auf die zukünftigen Entwicklungsmöglichkeiten von Personalinformationssystemen in Wirtschaft und Verwaltung.

2. PERSONALINFORMATIONSSYSTEME ALS NOTWENDIGES INSTRUMENT DER PERSONALFÜHRUNG UND -VERWALTUNG

Der im folgenden Kapitel vorgenommenen Darstellung von Personalinformationssystemen, ihrem Inhalt, ihren Zielen, Aufgaben und Strukturen soll zum Zwecke eines besseren Verständnis des Zusammenhangs ein kurzer Überblick über den betrieblichen Funktionsbereich Personalwesen, seiner Entwicklung, Strukturierung und organisatorischen Eingliederung, sowie seiner Ziele, Aufgaben und Instrumente vorangestellt werden.

2.1. Der betriebliche Funktionsbereich Personalwesen

2.1.1. Die historischen Entwicklungslinien des betrieblichen Personalwesens

Die Entwicklung des Personalwesens läßt sich in Anlehnung an die von FRIEDRICHS 1978 getroffene zeitliche Unterteilung in die
- Verwaltungsphase,
- Anerkennungsphase und
- Integrationsphase

aufgliedern (vgl. FRIEDRICHS 1978, S. 11 ff.).
Die <u>Verwaltungsphase</u> (bis ca. 1950) ist im wesentlichen durch die niedrige Einstufung und Bewertung personalwirtschaftlicher Problemstellungen, im Vergleich zu anderen Funktionsbereichen, gekenn-

zeichnet. Die technische Dimension der Probleme und ihrer Lösungen steht im Vordergrund, der Produktionsfaktor "menschliche Arbeit" ist in fast beliebiger Menge verfügbar, d. h., er ist keinesfalls als Knappheitsfaktor anzusehen. Des weiteren kann der Einfluß der Arbeitnehmer und ihrer Interessenvertretungen (Gewerkschaften und Betriebsräte) auf die Unternehmen bzw. die unternehmenspolitischen Zielsetzungen als gering bezeichnet werden. Es verwundert also nicht, wenn die Personalarbeit in dieser Entwicklungsphase rein administrativer Natur ist. Sie beschränkt sich auf die Tätigkeiten "(...), die benötigten Mitarbeiter zu beschaffen, den vorgegebenen Bedingungen entsprechend auszulesen und sie nach der Einstellung im Unternehmen zu verwalten und zu betreuen." (FRIEDRICHS 1978, S. 14). Zeitgleich vollzieht sich der Bedeutungszuwachs arbeitsrechtlicher Vorgaben i. S. der juristischen Absicherung personalwirtschaftlicher Einzelmaßnahmen.

Die <u>Anerkennungsphase</u> (von ca. 1950 bis 1970) zeichnet sich primär durch den Wandel des, dem arbeitenden Menschen bzw. dem Produktionsfaktor "Mensch" zukommenden, Interesses der Unternehmen aus. Seine Begründung findet dieser Wandel in der Veränderung der zur Erreichung der Unternehmensziele (letztlich Gewinnmaximierung) notwendigen Bedingungen. Hervorzuheben ist der immer größer werdende Bedarf an qualifizierten Mitarbeitern und die Verringerung auf dem Arbeitsmarkt vorhandener Mitarbeiterpotentiale. Menschliche Arbeit, besonders qualifizierte, wird zum ökonomischen Engpaß.

Diese Entwicklung hat eine grundsätzliche Änderung bzw. Erweiterung des personalwirtschaftlichen Aufgabenfeldes zur Folge. "Neben den einfachen Grundaufgaben der Beschaffung, Einstellung, Verwaltung und Betreuung des Personals traten (treten, d. Verf.) hier noch die Probleme der Arbeitseinführung, der Personalentwicklung und -ausbildung." (BISANI 1983a, S. 29). Die rein administrative Personalarbeit tritt gegenüber dem dominanter werdenden Ziel der Personalführung, d. h., "Der Entwicklung und Aufrechterhaltung einer ständigen optimalen Leistungsfähigkeit und Leistungsbereitschaft der Mitarbeiter (...)" (FRIEDRICHS 1978, S. 22) stärker in den Hin-

grund. Außerdem ist der wachsende Einfluß der Arbeitnehmer und
ihrer Interessenvertretungen in den Unternehmen deutlich erkennbar.
All diese Faktoren führen zu der Entstehung bzw. Aufwertung eines
eigenständigen betrieblichen Funktionsbereiches Personalwesen und
der damit verbundenen organisatorischen Konsequenzen.
In der <u>Integrationsphase</u> (ca. seit 1970) des Personalwesens werden
die sich in der Anerkennungsphase abzeichnenden Entwicklungen und
Veränderungen verstärkt. Die Bedeutung des arbeitenden Menschen,
besonders seiner eigenen Ziele und Erwartungen hinsichtlich der
Erreichung der Zielfunktion des Unternehmens, ist erkannt und
weitgehend unumstritten. Konsequenterweise werden die Bemühungen,
die Mitarbeiter zu einem optimalen Leistungsbeitrag zu bewegen, zu
einer der zentralen Aufgaben des Personalwesens.
Weitere Gründe für die Veränderung und Erweiterung des personalwirtschaftlichen Aufgabenfeldes sind
- technologischer Wandel und Neuerung und die damit verbundene
  Änderung der benötigten Qualifikationsstrukturen der Mitarbeiter,
- der Wertewandel im gesellschaftlichen Umfeld der Unternehmen,
- die steigende Bedeutung der Personalkosten in der Ergebnis-
  rechnung der Unternehmen,
- der steigende Einfluß und die zunehmenden Rechte der Arbeitnehmer
  und ihrer Interessenvertreter, wie er sich bsw. im Betr.Verf.G.
  von 1972 manifestiert,
- sowie die zunehmende Verrechtlichung der Personalarbeit.
Somit stehen heute Personalführung, -betreuung und -steuerung,
die Leistungsmotivation der Mitarbeiter, Informationsbeschaffung
und -auswertung, Personalplanung, Aus- und Weiterbildung im Brennpunkt des Interesses des Personalwesens (vgl. SPIE 1983b, S. 38).
Eng verbunden mit der Entstehung, Erweiterung und Aufwertung des
Funktionsbereiches Personalwesen ist beinahe zwangsläufig die organisatorische Konsequenz des unternehmenshierarchischen Aufstiegs.
Heute ist, zumindest in Großunternehmen, die Tendenz zur organisatorischen Integration des Personalwesens in die Unternehmensleitung,
also die erste Führungsebene, deutlich zu erkennen (vgl. hierzu

BISANI 1976, S. 70, SPIE 1983b, S. 47 und die dort angegebene Literatur).

<u>Zusammenfassend</u> läßt sich für die Entwicklung des Personalwesens festhalten, daß aufgrund von Veränderungen vorwiegend externer Determinanten das Aufgabenfeld einer starken Wandlungstendenz unterworfen wurde. Mit dem Wandel der Aufgaben wurde "Die rein ökonomisch-technische Sichtweise (..) um eine bedürfnis- und verhaltensorientierte, sozio-ökonomische Auffassung der Personalarbeit ergänzt (..)." (SPIE 1981, S. 17). Diese Entwicklung hat dann selbstverständlich Konsequenzen für das personalwirtschaftliche Instrumentarium, denn neue bzw. erweiterte Aufgaben induzieren i. d. R. die Veränderung und Anpassung der bestehenden Instrumente an die neue Situation.

Wie aus Abbildung 1, S. 8, zu ersehen ist, greift SPIE 1983b auf eine grundsätzlich ähnliche, jedoch differenziertere Phasengliederung zur Darstellung der Entwicklung des Personalwesens zurück.

Bezugnehmend auf die aufgezeigte Entwicklungslinie soll nun zum einen die traditionelle Unterteilung des Personalwesens und zum anderen eine funktionsorientierte Gliederung des eigenständigen Funktionsbereichs dargestellt werden.

2.1.2.   Die traditionelle Unterteilung des Personalwesens

Der von v. ECKHARDSTEIN/SCHNELLINGER 1978 als traditionell bezeichneten Darstellung folgend, läßt sich der Bereich Personalwesen (der Begriff Personalwirtschaft wird häufig synonym verwandt) in die drei Teilgebiete
- Personalpolitik,
- Personalführung und
- Personalverwaltung

unterteilen (vgl. auch POTTHOFF 1958, S. 100 ff.).
Aus dieser Sicht wird unter <u>Personalpolitik</u> das Treffen von Grundsatzentscheidungen durch die Unternehmensleitung, unter <u>Personal-</u>

Abb. 1: Die Entwicklungsphase des Personalwesens

	Administrationsphase	Legitimationsphase	Strukturierungsphase	Implementierungsphase
Zeitraum	ca. bis 1960	ca. 1960-1970	ca. 1970-1975	ca. ab 1976
gesellschafts- u. wirtschaftspolitische Merkmale	wirtschaftlicher u. kultureller Wiederaufbau	partielle Marktsättigungstendenzen, zunehmende Arbeitsgesetzgebung	Veränderung der Berufsbilder durch techn. Entwicklungen, neue Erkenntnisse der Arbeits- u. Sozialwissenschaften, Verbesserung der wirtschaftlichen u. rechtlichen Stellung der Arbeitnehmer	Veränderungen in den Anforderungen an die Lebensqualität, zunehmende berufliche Spezialisierung, strukturelle Wirtschaftsprobleme
organisatorische Einordnung und Gliederung des Personalwesens	überw. 3. Führungsebene, Personalabteilung ist anderen Fachabteilungen unterstellt (z. B. kfm. Ressort)	überw. 2. Führungsebene, Einrichtung selbständiger Personalabteilungen	überw. 2. Führungsebene, starke Funktionsgliederung und Aufgabenspezialisierung	überw. 1. Führungsebene, vertreten durch eigenes Geschäftsführungsmitglied mit stark strukturiertem Funktionsbereich
überw. Rollensegment des Personalleiters	Ordnungshüter, Sozialfürsorger	Schlichter	Problem- u. Konfliktlöser	Gestalter und Politiker
Art der Personalarbeit	verwalten	vermitteln	beraten	agieren/ disponieren
Schwerpunktfunktionen des Personalwesens	Lohn- u. Gehaltsabrechnung, Einstellbüro, Personalverwaltung, Sozialwesen	zusätzlich: Personalbeschaffung u. -betreuung, Entgeltpolitik, Personalbeurteilung, Ausbildung	zusätzlich: Personalplanung, Personalentwicklung, Arbeitsgestaltung, Personalführung, Weiterbildung	zusätzlich: Personalinformationssystem, quant. und qualit. Personalplanung, Personalforschung, Organisationsentwicklung

Quelle: SPIE 1983b, S. 19

<u>führung</u> die Durchsetzung der personalpolitischen Grundsätze, d. h., ihre Konkretisierung und Operationalisierung im Verhältnis Vorgesetzter/Untergebener verstanden. Die <u>Personalverwaltung</u> beinhaltet in diesem Zusammenhang ausschließlich die Erfüllung administrativer Aufgaben, also die technische Realisierung der Vorgaben
(vgl. v. ECKHARDSTEIN/SCHNELLINGER 1978, S. 1 ff.).
Somit läßt sich aus der oben dargestellten Unterteilung das Personalwesen als "(...) die Gesamtheit der Aktivitäten für eine wirtschaft-

liche und personengerechte Ausstattung des betrieblichen
Leistungsprozesses mit der erforderlichen menschlichen Arbeitskraft, (...)" (GAUGLER 1978, S. 87) definieren.
Der getroffenen Aufteilung kommt nur analytische Bedeutung zu,
da die strikte Trennung von Personalpolitik und -führung in der
Praxis nicht konsistent durchgehalten werden kann. Ihr kommt
somit nur geringe Relevanz zu. Insbesondere die Differenzierung
zwischen Personalpolitik als Bereich der Grundsatzentscheidungen
und der Personalführung in der hier verwandten engen Sichtweise
ist kritikbedürftig.
Die Personalpolitik beinhaltet eben nicht nur Grundsatzentscheidungen, sondern auch eine Reihe von Einzelentscheidungen, z. B.
solche über den Führungsstil, die Personalentwicklung, etc., die
i. d. R. von Linienvorgesetzten i. S. von Personalführungsent-
scheidungen getroffen werden. Diese sind mit erheblicher Tragweite
ausgestattet. Die dem Bereich Personalpolitik zugeordneten Einzelentscheidungen sind also durchaus als solche der Personalführung
zu interpretieren (vgl. v. ECKHARDSTEIN/SCHNELLINGER 1978, S. 2 f.).

Abschließend muß in aller Deutlichkeit festgehalten werden, daß
diese Auffassung bzw. Aufteilung in Teilbereiche keine organisatorische Gliederung zur Folge hat oder eine solche zwangsläufig
nach sich zieht. Die hier als wesentlich charakterisierten Teilgebiete sind in keinem eigenständigen Bereich zusammengefaßt, sondern
über alle Funktionsbereiche des Unternehmens verteilt. Erst die
Entwicklung (siehe 2.1.1.) des Personalwesens führt zu einem eigenständigen betrieblichen Funktionsbereich, der seinerseits nach ver-
schiedenartigen Gliederungskriterien organisiert sein kann.
Diese gilt es im Anschluß darzustellen.

2.1.3. Die funktionsorientierte Gliederung des Personalwesens

Grundlegend kann zwischen folgenden Formen der Gliederung unterschieden werden:

- Nach Mitarbeiterklassen,
- nach funktionalen Kriterien und
- nach Kriterien, die zu einer dezentralen Organisationsform
führen.

In der Phase der Entstehung des Funktionsbereiches Personalwesen herrscht i. d. R. die organisatorische Gliederung nach <u>Mitarbeiterklassen</u> vor. Mit zunehmendem Größenwachstum der Unternehmen entstehen Parallelabteilungen, die z. B. nach technischen, kaufmännischen und wissenschaftlichen Mitarbeitern differenziert werden. Eine weit verbreitete Form der Differenzierung stellt die Unterteilung nach Entlohnungssystemen (Zeitlöhner/Gehaltsempfänger/AT-Angestellte) dar.

Mit zunehmender Institutionalisierung des Personalwesens setzen sich funktionale Gliederungsformen stärker durch.

Das <u>funktionale Modell</u>, das hier als Zusammenfassung der anfallenden Aufgaben des Personalwesens nach Sachzusammenhängen in Funktionen (vgl. SPIE 1983b, S. 48) definiert wird, läßt sich nach LATTMANN 1975 in nachfolgende Gliederungsstrukturen unterscheiden:

- Trennung nach Zielkategorien (z. B. Personalwesen/Sozialwesen)
- Gliederung nach Prozeßphasen (Abteilung für Einstellung/Betreuung/ Aus- und Weiterbildung/etc.)
- Gliederung nach Funktionsschwerpunkten (z. B. Abteilung für Personalplanung/-beschaffung/-entwicklung/Arbeitsgestaltung/ Sozialwesen/etc.)

(vgl. LATTMANN 1975, Sp. 1435 ff.).[1]

"Die Frage nach der Organisationsform galt unter vielen Personalfachleuten mit dem funktionalen Organisationsmodell jahrelang als gelöst." (SPIE 1983b, S. 48). Wie ein Blick in die Praxis zeigt, ist diese Auffassung falsch. Den Vorteilen der Gliederung nach Funktionsschwerpunkten - z. B. der hohe Grad der Spezialisierung und der damit verbundenen Rationalisierungsgewinne - stehen schwerwiegende

---

1) Es sei darauf hingewiesen, daß andere funktionale Gliederungen, so z. B. aus systemtheoretischer Sicht bestehen. Vgl. hierzu z. B. NÜSSGENS 1975

Nachteile gegenüber. Konkret sind die schwieriger werdende Koordination der Gesamtaufgabe und das Fehlen eines zuständigen Ansprechpartners für die Mitarbeiter zu nennen.
Die beschriebenen Nachteile führten i. V. m. weiter zunehmenden Unternehmensgrößen zu dezentralen Gliederungsformen. Ziel dieser Form ist es, die Vorteile des Funktionalmodells bei gleichzeitiger Vermeidung seiner Nachteile zu realisieren. Die Personalfunktionen werden unter Verwendung der Matrixorganisation auf einzelne überschaubare Teilbereiche und in Zentralbereiche aufgeteilt. Letztere stellen eine einheitliche Personalpolitik sicher und dienen als Koordinationsinstanzen für die einzelnen Teilbereiche.
Einen weiteren Versuch, das beschriebene Ziel zu erreichen, ist das Referentensystem. Die unmittelbaren Personalbetreuungsaufgaben werden für einen überschaubaren Kreis von Arbeitnehmern geschlossen und einheitlich von einem Mitarbeiter der Personalabteilung, dem Referenten, wahrgenommen. Die übergeordneten Aufgaben und Grundsatzentscheidungen werden hingegen zentralisiert (vgl. BISANI 1983c, Schaubild 3).

2.1.4. Die Ziele, Aufgaben und Instrumente des Funktionsbereiches Personalwesen

Dem personalwirtschaftlichen Zielsystem wird in der Literatur breiter Raum gewidmet. Ich möchte mich hier im wesentlichen auf die Darstellungen bei BISANI 1983a, S. 26 ff. und v. ECKHARDSTEIN/SCHNELLINGER 1978, S. 12 ff. beschränken.
Das personalwirtschaftliche Gesamtziel läßt sich allgemein z. B. definieren als:
1. "Ziel der Personalpolitik ist der Ausgleich personeller und sozialer Ansprüche mit den betrieblichen Anforderungen an die ökonomische und technische Leistungsfähigkeit, um den wirtschaftlichen und sozialen Bestand und die Entwicklung des Unternehmens auf Dauer zu sichern." (SPIE 1983 b, S. 42), oder
2. "Bereitstellen personeller Kapazitäten in der erforderlichen

Quantität, Qualität, für das Unternehmen als Ganzes und/oder seine Teilbereiche und zwar zum richtigen Zeitpunkt, um letztlich die festgelegten Unternehmensziele erreichen zu können."
(NÜSSGENS 1975, S. 68). Siehe auch Abbildung 2.

Abb. 2: Die Ziele des Personalwesens

		Sachziel des Systems Personalwesen	Formalziele des Systems Personalwesen	
			ökonomische Formalziele	soziale Formalziele
Spezifizierung der Ziele	Zielinhalt	Bereitstellen personeller Kapazität zur Erreichung der Unternehmensziele	Wirtschaftlichkeit und Rentabilität als Kriterien zur Beurteilung personalbezogener Maßnahmen	menschliche Erwartungen (z.B. soziale Sicherheit, Zufriedenheit der Mitarbeiter) als Kriterien zur Beurteilung personalbezogener Maßnahmen
	angestrebtes Ausmaß	Abstimmen der bereitzustellenden personellen Kapazität mit den Erfordernissen des Unternehmens in quantitativer, qualitativer und örtlicher Hinsicht	maximale oder befriedigende Zielerreichung unter Berücksichtigung von festgelegten Nebenbedingungen (z.B. Liquidität, Sicherheit im Sinne eines langfristigen Überlebens)	maximale oder befriedigende Zielerreichung unter Berücksichtigung von festgelegten Nebenbedingungen (z.B. Einhaltung sozialer Ordnungsregeln)
	zeitlicher Bezug	Abstimmen der bereitzustellenden personellen Kapazität mit den Erfordernissen des Unternehmens in zeitlicher Hinsicht	Festlegen der ökonomischen Formalziele (und gegebenenfalls ihre Gewichtung) in zeitlicher Hinsicht	Festlegen der sozialen Formalziele (und gegebenenfalls ihre Gewichtung) in zeitlicher Hinsicht

Quelle: NÜSSGENS 1975, S. 69

Grundsätzlich lassen sich, bei genügend hohem Abstraktionsgrad, zwei Arten von Zielen für den Personalbereich extrahieren. Es handelt sich zum einen um
- die wirtschaftlichen Ziele und zum anderen um
- die sozialen Ziele.
Beide werden als Zielbündel gleichartiger Ziele verstanden.

Unter wirtschaftlichen Zielen sollen also solche verstanden werden,
die die technisch-ökonomische Dimension des Unternehmens betreffen.
Beispielhaft seien Gewinnmaximierung, Kostendeckung, Kostenminimierung, etc. genannt. Operationalisiert man die abstrakte Zielsetzung, so handelt es sich im Kern um den Einsatz des Produktionsfaktors "menschliche Arbeit" und seine Kombination mit den
anderen betrieblichen Produktionsfaktoren im Gutenbergschen Sinn.
Anders ausgedrückt handelt es sich um die Bereitstellung menschlicher Arbeitskraft in hinreichender Quantität, Qualität, zur
richtigen Zeit am richtigen Ort.

Hingegen betreffen die sozialen Ziele die soziale Dimension, also
das Unternehmen als soziales System. Sie beinhalten die Erwartungen,
Bedürfnisse, Interessen und Forderungen, die die Mitarbeiter bezogen
auf das Unternehmen haben. Gleichrangig stehen daneben die individuellen Ziele der Mitarbeiter, die keinen direkten Bezug auf die
Unternehmensziele haben (vgl. STAEHLE 1980, S. 110). Auch sie sind
Bestandteil der sozialen Dimension. Soziale Ziele beziehen sich
sowohl auf die materiellen (z. B. Lohnforderungen), als auch auf
die imateriellen (Arbeitsplatzsicherheit, Monotonieerscheinungen)
Verhältnisse im Unternehmen.

Die Zielbündel befinden sich in einem vielfach verflochtenen,
interdependenten Verhältnis zueinander. Ad hoc kann über ihr Verhältnis i. S. von Komplementarität vs. Indifferenz vs. Konkurrenz
keine Aussage gemacht werden. Dies bleibt einer Situationsanalyse
vorbehalten. Festgestellt kann aber werden, daß in jedem Falle
beide Dimensionen in die unternehmerische Zielfunktion Eingang
finden müssen, da die Realisierung von nur einer Komponente i. d. R.
nicht zur Erreichung der Gesamtzielfunktion führt.

Im folgenden soll das Aufgabenfeld des Personalwesens untersucht
werden. BISANI stellt hierzu fest, daß offensichtlich kein allgemeingültiges Schema zur Abgrenzung des personalwirtschaftlichen
Aufgabenfeldes und einer zweckentsprechenden organisatorischen
Gliederung des Personalbereiches besteht (vgl. BISANI 1983b, S. 59).

Da es für personalwirtschaftliche Aufgabenstellungen charakteristisch ist, häufig nur in Zusammenarbeit mit anderen Funktionsbereichen sinnvoll gelöst werden zu können, erscheint folgende Differenzierung sinnvoll:

- Kernaufgaben — die Personalabteilung erfüllt die Aufgaben alleinverantwortlich,
- Konsultationsaufgaben — Aufgaben werden in kooperativer Zusammenarbeit der Fach- und Personalabteilung gelöst,
- Richtlinienaufgaben — die Fachabteilung führt die Aufgabe im Rahmen der von der Personalabteilung gesetzten Richtlinien aus,
- Dienstleistungsaufgaben — die Fachabteilung beschließt die Durchführung und die Personalabteilung führt die Aufgabe aus.

(vgl. BISANI 1983c, Schaubild 4).

Eine weitere Möglichkeit stellt die Differenzierung nach personalwirtschaftlichen Einzelaufgaben dar.
Hier ist beispielhaft die von BISANI dargestellte Auflistung der Teilaufgaben und deren Zusammenfassung in elf personalwirtschaftliche Hauptaufgaben anzuführen.

Die Hauptaufgaben sind:
1. Grundsatzfragen
2. Rechtlicher Gestaltungsrahmen
3. Personalverwaltung
4. Personalplanung
5. Sozialwesen
6. Entgeltbestimmung
7. Personalführung, Strukturierung der Zusammenarbeit und Konfliktlösung
8. Gestaltung der Organisations- und Arbeitsstruktur
9. Gestaltung der Personalstruktur
10. Arbeitsschutz und Arbeitssicherheit
11. Allgemeine Dienste und Gebäudeverwaltung

(vgl. BISANI 1983b, S. 64 ff.).

Als Abschluß dieses Überblicks werde ich einige Bemerkungen zu dem personalwirtschaftlichen Instrumentarium machen.
<u>Personalwirtschaftliche Instrumente</u> können definiert werden als Bündel von Maßnahmen, von deren Einsatz sich die Entscheidungsträger einen Beitrag zur Erreichung der verfolgten Ziele versprechen (vgl. v. ECKHARDSTEIN/SCHNELLINGER 1978, S. 70). Es handelt sich also um Maßnahmen, Verfahren und Methoden, die dem Personalwesen zur Verfügung stehen. Dies kann auf zwei unterschiedlichen Wegen realisiert werden.

1. Die Ausstattung des Unternehmens mit kosten- bzw. leistungswirksamer Personalkapazität kann festgelegt werden.
2. Es können Angebote materieller und imaterieller Anreize gemacht werden, die das Verhalten der Mitarbeiter i. S. der verfolgten Ziele beeinflussen sollen.

Als beschäftigungspolitisch wirksame bzw. verhaltensbeeinflussende Instrumente werden also alle Maßnahmen, Verfahren und Methoden der in Tabelle 1 dargestellten Bereiche bezeichnet.

Tab. 1: Instrumente des Personalbereichs

Bereiche der beschäftigungspolitischen Instrumente	Bereiche der verhaltensbeeinflußenden Instrumente
Personalbedarfsermittlung Personalplanung Personalbeschaffung Personaleinsatz und -einf Personalfreistellung	Arbeitsstrukturierung und Arbeitszeitregelung Entgelt- und Sozialpolitik Personalführung und Leistungsmotivation Bildungspolitik

(vgl. STAEHLE 1983, S. 124)

Anzumerken ist, daß diese Aufteilung nicht überschneidungsfrei ist. So gilt es im folgenden, ein durch die Entwicklung der EDV relevant gewordenes neues Instrument des Personalwesens, Personalinformationssysteme, vorzustellen.

2.2. Personalinformationssysteme - Begriff und Inhalt

Personalinformationssysteme sind Informationssysteme, die dem Funktionsbereich Personalwesen in Wirtschaft und Verwaltung zuzuordnen sind. In diesem Zusammenhang muß festgestellt werden, daß es sich somit um offene, soziale, zielorientierte Systeme handelt, über die jedes Unternehmen verfügt und die grundsätzlich unabhängig von der Verwendung von Datenverarbeitungsanlagen, also der Computerunterstützung, vorhanden sind (vgl. NÜSSGENS 1975, S. 17). In diesem Sinne stellen auch die traditionellen Methoden, Verfahren und Instrumente des Personalwesens ein Personalinformationssystem dar. Wenn in dieser Arbeit von Personalinformationssystemen gesprochen wird, sind solche gemeint, die durch Datenverarbeitungsanlagen unterstützt werden. Sie werden hier der Einfachheit halber als Personalinformationssysteme (im folgenden kurz PIS) bezeichnet.

2.2.1. Definitionen

Ein Blick in die Praxis zeigt, daß eine Vielzahl letztlich synonymer Begriffe verwandt wird. Tabelle 2, S. 17, enthält Beispiele in Anwendung befindlicher PIS und ihrer Anwender. Eine vergleichbare Anzahl von Begriffen ist im wissenschaftlichen Bereich entwickelt worden. So wird in der Literatur von
- CPIS - computergestützte Personalinformationssysteme
    (vgl. z. B. MÜLDER 1984),
- PDS - Personaldatensysteme (vgl. z. B. HENTSCHEL 1983, SCHUSTER 1984),
- APIS - Personal- und Arbeitsplatzinformationssystem
    (vgl. z. B. WIESNER 1980, DOMSCH 1980)
- etc.

gesprochen.

Tab. 2: Computergestützte PIS und einige Anwender

Kurzbe-zeichnung		Anwender
ISA	Informationssystem Arbeitseinsatz und Arbeitsplanung	Daimler-Benz
IPIS	Integriertes Personalinformations-System	Ford-Werke
PEDATIS	Personaldaten-Informations-System	VW/Audi
PDS	Personal- und Arbeitsplatzdaten-Informations-System	Standard-Elektrik Lorenz
IVIP	Integriertes Verarbeitungs- und Informationssystem für Personaldaten	Siemens
PAISY	Personal-Abrechnungs- und Informations-System	Audi (Opel)
IPAS (ISPA)	Informatives-Personalabrechnungs-System	BMW (Siemens)
PERSIS	Personalinformationssystem	BP (IBM)
INTERPERS	Interactive Personnel System	IBM
DIAPERS	Dialogunterstützte Personal- und Stellenverwaltung	Hochschulen
BESSY	Betriebsdaten-Erfassungs-System	MBB

Quelle: WIMMER 1985, S. 211

So erscheint es nicht verwunderlich, daß bei der begrifflichen Bestimmung (Definition), also der konkreten Beschreibung der Inhalte, ähnliche Uneinheitlichkeit anzutreffen ist. Bei Durchsicht der in den letzten Jahren sprunghaft angewachsenen Fachliteratur finden sich ebensoviele Definitionen wie Autoren. Nach BLUME 1984 läßt sich dieser Sachverhalt wie folgt begründen:
- Die Definitionen gehen von unterschiedlichen Modellen des Aufgabensystems des Personalwesens aus,
- das Vorhandensein unterschiedlicher Kriterien - z. B. Datenbank vorhanden/nicht vorhanden oder Planung wird systemgeschützt wahrgenommen/nicht wahrgenommen - wird zur Abgrenzung herangezogen,
- verschiedenartige Zugänge - z. B. PIS ist Subsystem eines Managementinformationssystems vs. PIS als autonomes Informationssystem - werden gewählt

(vgl. BLUME 1984, S. 70).

So erscheint es zweckmäßig, einige Definitionen exemplarisch vorzustellen. Alle aufgeführten Beispiele entstammen dem Bereich der Theorie.

1. Definition von DOMSCH

"Unter einem Personal- und Arbeitsplatzinformationssystem wird hier verstanden
- ein System der geordneten Erfassung, Speicherung, Transformation und Ausgabe
- von für die Personalarbeit relevanten Informationen über das Personal und die Tätigkeitsbereiche/Arbeitsplätze
- mit Hilfe organisatorischer und methodischer Mittel incl. EDV
- unter Berücksichtigung des Bundesdatenschutzgesetzes, des Betriebsverfassungsgesetzes sowie anderer relevanter Gesetze, Verordnungen, Tarifverträge und Betriebsvereinbarungen
- zur Versorgung der betrieblichen und überbetrieblichen Nutzer des Systems mit denjenigen Informationen,
- die sie zur Wahrnehmung ihrer Planungs-, Entscheidungs-, Durchführungs- und Kontrollaufgaben
- unter Berücksichtigung von sozialen und wirtschaftlichen Zielen benötigen." (DOMSCH 1980, S. 17), oder kurz formuliert: Ein PIS kann als Führungs- und Verwaltungsinstrument des Personalbereiches bezeichnet werden (vgl. DOMSCH 1972, S. 9 und 1980, S. 17). Es handelt sich um eine umfassende Definition, die PIS als Subsystem, eines _alle_ Bereiche des Unternehmens umfassenden Managementinformationssystems betrachtet. Folglich schließt sie die Erfassung, Verarbeitung und Bereitstellung _aller_ für den personalwirtschaftlichen Aufgabenbereich relevanten Informationen ein (vgl. SEIBT/ MÜLDER 1980, S. 5). Die so gewonnenen Informationen dienen zur Unterstützung von Führungsaufgaben im Personalbereich (vgl. NÜSSGENS 1975, S. 18) und schließen somit Systeme, die nur der Lohn- und Gehaltsabrechnung dienen, aus der Definition aus.[1]

---

[1] Mit der zitierten Definition nimmt DOMSCH seinen Vollständigkeitsanspruch graduell zurück. Vgl. hierzu seine Definition von 1972, S. 9

2. Definition von HACKSTEIN/KOCH

PIS werden als eine "(...) Konzeption für ein weitgehend formalisiertes Verfahren zur Gewinnung und Verarbeitung aller unter einer bestimmten Aufgabenstellung notwendigen Informationen über Personen (..) (verstanden, d. Verf.), die in einem organisatorisch abgegrenzten Bereich zusammenwirken. Personalinformationssysteme sollen alle wichtigen Informationen liefern, die zur Planung, Entscheidung, Durchführung und Kontrolle der Maßnahmen im Bereich des betrieblichen Personalwesens benötigt werden." (HACKSTEIN/KOCH 1975, Sp. 1573, 1575).

3. Definition von HEINRICH/PILS

Ihre Definition ist hingegen eher pragmatisch und bzgl. der Vollständigkeit der Informationen und der funktionalen Leistungsbreite nicht so anspruchsvoll wie die vorgenannten. Sie definieren: "Computergestützte Personalinformationssysteme sollen als "offene Systeme" gestaltet werden, die weder von dem Anspruch ausgehen, vollständig zu sein im Sinne der Erfassung, Speicherung und Verarbeitung aller das Personal betreffender Daten, noch den Anspruch erheben, für alle personalwirtschaftlichen Aufgaben quantitative Methoden zur Aufgabendurchführung einzusetzen. Offene Systeme heißt mit anderen Worten, daß von vornherein und bewußt nur ein Teil (...) in die Computerunterstützung einbezogen werden soll." (HEINRICH/PILS 1983, S. 72).

4. Definition von MÜLDER

In der hier vorliegenden Arbeit möchte ich mich der als letztes Beispiel dargestellten Definition von MÜLDER 1984 anschließen, der sich einer relativ weit gefaßten Auslegung des Begriffes PIS bedient. Er definiert computergestützte Personalinformationssysteme als diejenigen Systeme "(...), die über die automatische Abwicklung der Lohn- und Gehaltsabrechnung hinausgehende Verarbeitungsprozeduren (Statistiken, Berichte, Auswertungen) ermöglichen und auf diese Art und Weise sowohl die Informationsbedürfnisse der Personalsachbearbeiter bei der Abwicklung der laufenden Geschäftsvorfälle, als auch die Informationsbedürfnisse von Führungskräften im Per-

sonalbereich und anderen Bereichen zur Wahrnehmung personalwirtschaftlich relevanter Aufgaben befriedigen." (MÜLDER 1984, S. 13). Auch hier ist das inhaltliche Verständnis der "relevanten personalwirtschaftlichen Aufgaben" von zentraler Bedeutung für den Gehalt der gesamten Definition.
Andere Autoren betonen, keine Definition liefern zu wollen oder zu können. Als Beispiel sei die von KILIAN 1977a, S. 482, getroffene Abgrenzung nach unterstützenden Aufgabenbereichen und Funktionen genannt. Die Art und Weise der Betrachtung läßt dennoch auf den definitorischen Charakter der Ausführungen schließen (vgl. SEIBT/ MÜLDER 1980, S. 5).[1]

Bevor ich in meinen Ausführungen auf das in allen Definitionen auftauchende personalwirtschaftliche Aufgabenfeld eingehen werde (Teil 2.2.3.), möchte ich die mit PIS verbundenen Zielvorstellungen diskutieren.

2.2.2. Ziele eines edv-gestützten Personalinformationssystems

Sieht man von globalen Forderungen wie "Personal- und Arbeitsplatzinformationssysteme sind den sozialen und wirtschaftlichen Zielen der betrieblichen Personalarbeit anzupassen." (DOMSCH 1980, S. 19) ab, bietet sich eine Einteilung in Abbildung 2, S. 12, (Ziele des Personalwesens) an.
Die nachstehende Abbildung 3, S. 21, zeigt ein nach Zielarten differenziertes Zielsystem von PIS (vgl. NÜSSGENS 1975, S. 35).

---

[1] Weitere Definitionen von PIS finden sich bei:
SÄMANN/SCHULTE/WEERTS 1976, S. 62, REBER 1979, Vorwort, S.V, KILIAN 1982a, S. 2, HENSS/MIKOS 1984, S. 20, WIMMER 1985, S. 210, MEYER-DEGENHARDT 1984, S. 54
aus juristischer Sicht: ArbG Stuttgart, Beschluß vom 16.6.1983, in BB, 2. 1215

Abb. 3: Die Ziele eines Personalinformationssystems

		Sachziel eines Personalinformationssystems	Formalziele eines Personalinformationssystems	
			ökonomische Formalziele	soziale Formalziele
Spezifizierung der Ziele	Zielinhalt	Bereitstellen von Personalinformationen zur Bewältigung der Führungsaufgabe Personalwesen, um sowohl den Informationsstand der Führungskräfte als auch den Führungsprozeß in seinem Ablauf zu verbessern	Wirtschaftlichkeit und Rentabilität als Kriterien zur Beurteilung von für die Führungsaufgabe Personalwesen bereitzustellenden Personalinformationen	Erwartungen der mit der Führungsaufgabe Personalwesen betrauten Mitarbeiter als Kriterien zur Beurteilung von bereitzustellenden Personalinformationen
	angestrebtes Ausmaß	Abstimmen der anzubietenden Personalinformationen mit den Erfordernissen der Führungsaufgabe Personalwesen in quantitativer und qualitativer Hinsicht	maximale oder befriedigende Zielerreichung unter Berücksichtigung von festgelegten Nebenbedingungen	maximale oder befriedigende Zielerreichung unter Berücksichtigung von festgelegten Nebenbedingungen
	zeitlicher Bezug	Abstimmen der anzubietenden Personalinformationen mit den Erfordernissen der Führungsaufgabe Personalwesen in zeitlicher Hinsicht	Festlegen der ökonomischen Formalziele (und gegebenenfalls ihre Gewichtung) in zeitlicher Hinsicht	Festlegen der sozialen Formalziele (und gegebenenfalls ihre Gewichtung) in zeitlicher Hinsicht

Quelle: NÜSSGENS 1975, S. 36

Die Sachziele beschreiben den Rahmen, innerhalb dessen im Einzelfall en detail zu konkretisieren ist. Die Formalziele, die die Art und Weise und die formalen Kriterien der Sachzielerreichung festlegen, dienen somit der Ergänzung und Spezifizierung. Da eine Fülle von unterschiedlichen Formalzielen denkbar ist, werden diese unter den Oberbegriffen ökonomische bzw. soziale Formalziele subsumiert (vgl. NÜSSGENS 1975, S. 35).

Erfolgversprechender als die abstrakte Bestimmung des Zielsystems von PIS scheint der von KILIAN 1982b und MÜLDER 1984 gewählte Weg, die Ziele empirisch zu erheben.

Die von KILIAN 1978 durchgeführte Studie (Befragung von 220 deutschen Großunternehmen), in der u. a. die mit der Implementierung

von PIS verfolgten Ziele aus der Sicht des Personalwesens (es wurden
Personalleiter befragt) erhoben wurden, erbrachte - in Rangfolge
der Häufigkeit ihrer Nennung - folgende Ergebnisse:

1. Rationalisierung des Arbeitsablaufes im Personalbereich
2. Verbesserung der Entscheidungsgrundlage für den Personalleiter (bzgl. Aktualität, Umfassenheit, etc.)
3. Verbesserung einzelner Personalfunktionen (Personalbedarfsplanung, -beschaffung, -erhaltung, -einsatz, -freisetzung) bzw. ihrer Planung
4. Transparenz und Systematik im Personalbereich
5. Entlastungen von Routinearbeiten (z. B. Abrechnung) zum Zwecke der verbesserten Mitarbeiterbetreuung und/oder des Personalabbaus.
(vgl. KILIAN 1982b, S. 38) [1].

Die Ergebnisse wurden durch die zusätzliche Befragung mit vorgegebenen, deduktiv abgeleiteten Zielen überprüft und fanden grundsätzliche Bestätigung (vgl. KILIAN 1982b, S. 39 f.).

Zu ähnlichen, die oben angeführte Untersuchung grundsätzlich bestätigenden Ergebnissen kommt MÜLDER 1984 in seiner explorativen Feldstudie. Er befragte 1981/82 in 20 Großunternehmen die vier wesentlich am Implementierungsgeschehen beteiligten Gruppen
- Management des Personalwesens,
- Spezialisten der Datenverarbeitung,
- Betriebsräte (Interessenvertretung der Arbeitnehmer) und
- Personalsachbearbeiter (als Endbenutzer)
(vgl. MÜLDER 1984, S. 119).
Wie aus Abbildung 4, S. 23, (Gestaltungsziele eines PIS) hervorgeht, wurden die drei Zielgruppen
   I. Verbesserung der Informationsbasis für (dispositive) personalwirtschaftliche Aufgaben

---

1) vgl. hierzu auch den in MÜLDER 1984, S. 51, abgedruckten Zielkatalog der Personalleitung der HEW (Hamburgische Elektrizitäts-Werke) bzgl. ihres PIS

Abb. 4: Gestaltungsziele eines PIS

Frage 2.06/3.04/4.06/5.05	Beantwortet durch			
Was sollte mit der Einführung des hier betrachteten Personaldatensystems hauptsächlich erreicht werden; welche Ziele wurden verfolgt?	Management des Personalwesens	Datenverarbeitungsspezialist	Personalsachbearbeiter	Betriebsrat
	in %	in %	in %	in %
I Verbesserung der Informationsbasis für (dispositive) personalwirtschaftliche Aufgaben	19,8	22,7	23,7	28,9
II Personal- und Verwaltungskostensenkung	17,8	18,2	27,1	22,2
III Anpassung an neue DV-technische Entwicklungen	20,8	19,3	10,2	11,1
IV Mehr Transparenz und Systematik im Personalbereich	12,9	12,5	11,9	6,7
V Qualifizierte Unterstützung einzelner personalwirtschaftlicher Funktionen	11,9	6,8	9,0	13,3
VI Erweiterungs-/Ausbaufähigkeit in bezug auf zukünftige Entwicklungen	8,9	10,2	4,0	-
VII Verbesserung der Arbeitssituation für Personalsachbearbeiter	5,9	6,8	8,5	6,7
VIII Bessere Betreuung der Mitarbeiter	2,0	3,4	5,6	11,1
Gesamtzahl der Einzelnennungen	101 = 100 %	88 = 100 %	177 = 100 %	45 = 100 %

Quelle: MÜLDER 1984, S. 145

II. Personal- und Verwaltungskostensenkung und
III. Anpassung an neue DV-technische Entwicklungen
von allen Probanden am häufigsten genannt. Wichtigstes Ergebnis scheint aber das annähernd gleiche Verständnis von der Wichtigkeit der Ziele der einzelnen beteiligten Gruppen zu sein.
Hier werde ich meine Ausführungen zu Zielen bzw. PIS betreffende

Zielsysteme beschließen und mich der Diskussion der PIS betreffenden personalwirtschaftlichen Aufgaben zuwenden.

2.2.3. Aufgaben und Einsatzbereiche eines edv-gestützten Personalinformationssystems

Folgt man der Meinung von HEINRICH/PILS, so bildet das personalwirtschaftliche Aufgabensystem die Grundlage und den Ausgangspunkt für die Gestaltung von PIS, ohne dessen detaillierte Kenntnis selbst die Planung eines solchen Systems unmöglich ist (HEINRICH/PILS 1979, S. 3 und 1983, S. 38). Da ihrer Meinung nach kein i. S. eines "generellen Bebauungsplan" zu verwendendes Aufgabensystem existent ist, richten sich ihre Bemühungen hauptsächlich auf die Erstellung eines solchen, auch für die edv-gestützte Personalarbeit nutzbaren Aufgabensystems. Für diesen Zweck untergliedern sie die Aufgaben des Personalbereichs in
- Uraufgaben,
- Kernaufgaben und
- Einwirkungsaufgaben.

Als <u>Kernaufgaben</u> stellen sich die vom Personalbereich üblicherweise wahrgenommenen funktional gegliederten Aufgaben wie Personalbedarfsermittlung, -beschaffung, -einsatz, etc. dar. Hingegen werden <u>Uraufgaben</u> als Datenfindungsaufgaben für die Kernaufgaben definiert (vgl. HEINRICH/PILS 1983, S. 39) und <u>Einwirkungsaufgaben</u> als solche, deren Ziel in der Beeinflussung der betrieblichen Umwelt, der Umwelt des Personalbereiches und der Uraufgaben, die nicht nur den Personalbereich betreffen, zu sehen ist (vgl. HEINRICH/PILS 1983, S. 42). Weiterhin werden die drei Gruppen in Teilaufgaben gegliedert.
Sieht man von dem eher pragmatisch orientierten Gliederungsschema von HEINRICH/PILS 1983 ab, so bietet die Literatur zum Personalwesen diverse Strukturierungskonzeptionen (vgl. MÜLDER 1984, S. 62 und die dort angegebene Literatur). Dem stehen Gliederungsvorschläge in Form von Aufgabenkatalogen der Vertreter der Betriebsinformatik, wie sie anläßlich des verstärkten Implementierungsgeschehen von PIS vor-

gelegt wurden, gegenüber. Als typisch kann die von HENTSCHEL 1979
vorgelegte Gliederung in Aufgaben
- administrativer Art   (z. B. laufende Verwaltungsarbeit,
                              Einstellungsverfahren)
- dispositiver Art   (z. B. Führungsaufgaben)
- informativer Art   (z. B. Infos für den Betriebsrat)
- statistischer Art   (Betriebsstatistik)
- finanzwirtschaftlicher   (Personalaufwandsplanung nach Personal-
  Art   kosten und Nebenkosten)
- gesetzlicher Art   (z. B. betr. Meldewesen)
- gesellschaftspolitischer   (z. B. Sozialbilanz)
  Art

angesehen werden (vgl. HENTSCHEL 1979, S. 446).

Die getroffene Unterteilung ist deutlich auf die Unterstützung durch
Datenverarbeitungsanlagen ausgelegt, aber aus diesem Grunde auch
nicht vollständig. So werden so wichtige Bereiche wie Personalführung
und -politik nur graduell bzw. zum Teil mit einbezogen (vgl.
MÜLDER 1984, S. 63).

Da die weitere abstrakte Abhandlung von Aufgabengliederungen in
diesem Zusammenhang wenig ergebnisträchtig scheint, werde ich im
folgenden zwei modelltheoretische Konzeptionen vorstellen.

Konzeption von DOMSCH

Die Wahrnehmung der Führungs- und Verwaltungsaufgaben ist Zweck des
PIS, wobei die Aufgaben den allgemeinen Phasen des Führungsprozesses
- Planung, Entscheidung, Durchführung und Kontrolle - zugeordnet
werden können. Demzufolge haben Informationssysteme sowohl den
arbeitsplatz- als auch den personenbezogenen Teil der Aufgaben zu
unterstützen. Konkret untergliedert DOMSCH 1980 die Führungsaufgabe Personalwesen in die oben beschriebenen vier Phasen, die jede
für sich nochmals funktional (Personalverwaltung, -beschaffung, etc.)
untergliedert wird.

Zur Verdeutlichung siehe Abbildung 5, S. 26, in der die von einem
PIS wahrzunehmenden Aufgaben systematisch dargestellt sind (vgl.
DOMSCH 1980, S. 21).

Abb. 5: Von einem PIS wahrzunehmende Aufgaben

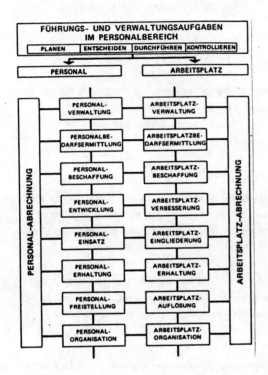

Quelle: DOMSCH 1980, S. 22 und 1978, S. 348

Konzeption von MÜLDER

Zum Zweck der empirischen Überprüfung hat MÜLDER 1984 einen personalwirtschaftlichen Aufgabenkatalog zusammengestellt. Grundlegend basiert die Konzeption auf einer groben Klassifizierung von PIS nach Aufgaben/Funktionen (vgl. SEIBT/MÜLDER 1980, S. 10). Dort wird zwischen Aufgaben

- administrativer und solchen
- dispositiver Art unterschieden.

Unter Aufgaben <u>dispositiver Art</u> soll im wesentlichen die Personalplanung und ihre Teilgebiete (siehe Kapitel 4 der Arbeit), sowie die Bereitstellung von Planungs- und Entscheidungsunterlagen verstanden werden (vgl. KILIAN 1977, S. 482), während

- die Lohn- und Gehaltsabrechnung,
- die Personaldatenverwaltung,
- die betriebliche Statistik und
- das betriebliche Meldewesen nach DEVO/DÜVO

den Bereich der <u>administrativen Aufgaben</u> charakterisiert (vgl. HENTSCHEL 1979, S. 446).

Der Aufgabenkatalog enthält 49 personalwirtschaftliche Teilaufgaben, die in 11 Hauptgruppen zusammengefaßt werden. Die Gruppen A bis F enthalten administrative, die Gruppen G bis K dispositive Teilaufgaben. Im einzelnen sind die Hauptgruppen wie folgt bezeichnet:

A. Lohn- und Gehaltsabrechnung
B. Erstellung interner Personalstatistiken
C. Bearbeiten von Meldungen und Auskünfte an verschiedene Adressaten
D. Personaldaten verwalten
E. Soziale Einrichtungen und Dienste
F. Terminüberwachung/Kontrollaufgaben

G. Auskünfte über Mitarbeiter bzw. Arbeitsplätze einholen
H. Erstellen von speziellen, nicht periodischen Berichten und Statistiken
I. Personaleinsatz und Arbeitsplatzbewertung
J. Personalbeschaffung und -entwicklung
K. Mittel- und langfristige Personalplanung

(vgl. MÜLDER 1984, S. 65 f, Tab. 11a, b).

Die empirische Überprüfung der aufgestellten Hypothese, die die stärkere edv-Unterstützung des administrativen Aufgabenbereiches unterstellt (MÜLDER 1984, S. 153) bestätigten die bis zu diesem Zeitpunkt von KILIAN 1982b und SEIBT/MÜLDER 1980 vorgenommenen und veröffentlichten Ergebnisse.

Zusammengefaßt können die Ergebnisse folgendermaßen formuliert werden:
Der Grad der edv-Unterstützung im administrativen Bereich, besonders der Lohn- und Gehaltsabrechnung und der Personalstatistik kann als sehr hoch (bis zu 98 % der Befragten) angesehen werden. Hingegen überwiegt im Bereich der dispositiven Teilaufgaben eindeutig die manuelle Bearbeitung und Durchführung. (vgl. MÜLDER 1984, S. 154 ff, KILIAN 1982b, S. 42 ff, SEIBT/MÜLDER 1980, S. 30)[1]. Die Folgerung, daß der Ursprung eines jeden PIS im administrativen Aufgabenbereich angesiedelt ist, kann getroffen werden.

2.2.4. Die Strukturen eines edv-gestützten Personalinformationssystems

PIS unterscheiden sich nicht notwendigerweise - außer durch den spezifischen Funktionsgegenstand Personalwesen - von Informationssystemen anderer betrieblicher Funktionsbereiche. Dies gilt im besonderen für den edv-technischen Aufbau, denn lediglich das Vorhandensein einer geeigneten Hard- und Software ist konstituierende Bedingung (vgl. BAUER 1982, S. 16).
Allgemein läßt sich die Struktur eines PIS durch die vier Komponenten
- Arbeitsplatzdatenbank,
- Personaldatenbank,
- Methoden- und Modellbank und die
- Anlagenkonfiguration

kennzeichnen (vgl. DOMSCH 1980, S. 24). In Abbildung 6, S. 29, werden die vier Elemente in einen sach-logischen Zusammenhang gesetzt.

---

[1] Beachte hierzu auch die Ergebnisse der Erhebung des angestrebten Ausbaus und der geplanten Weiterentwicklung bei SEIBT/MÜLDER 1980, S. 31 und KILIAN 1982b, S. 43 f., die auf keine entscheidende Veränderung des bestehenden Verhältnisses hinweisen.

- administrativer und solchen
- dispositiver Art unterschieden.

Unter Aufgaben <u>dispositiver Art</u> soll im wesentlichen die Personalplanung und ihre Teilgebiete (siehe Kapitel 4 der Arbeit), sowie die Bereitstellung von Planungs- und Entscheidungsunterlagen verstanden werden (vgl. KILIAN 1977, S. 482), während

- die Lohn- und Gehaltsabrechnung,
- die Personaldatenverwaltung,
- die betriebliche Statistik und
- das betriebliche Meldewesen nach DEVO/DÜVO

den Bereich der <u>administrativen Aufgaben</u> charakterisiert (vgl. HENTSCHEL 1979, S. 446).

Der Aufgabenkatalog enthält 49 personalwirtschaftliche Teilaufgaben, die in 11 Hauptgruppen zusammengefaßt werden. Die Gruppen A bis F enthalten administrative, die Gruppen G bis K dispositive Teilaufgaben. Im einzelnen sind die Hauptgruppen wie folgt bezeichnet:

A. Lohn- und Gehaltsabrechnung
B. Erstellung interner Personalstatistiken
C. Bearbeiten von Meldungen und Auskünfte an verschiedene Adressaten
D. Personaldaten verwalten
E. Soziale Einrichtungen und Dienste
F. Terminüberwachung/Kontrollaufgaben

G. Auskünfte über Mitarbeiter bzw. Arbeitsplätze einholen
H. Erstellen von speziellen, nicht periodischen Berichten und Statistiken
I. Personaleinsatz und Arbeitsplatzbewertung
J. Personalbeschaffung und -entwicklung
K. Mittel- und langfristige Personalplanung

(vgl. MÜLDER 1984, S. 65 f, Tab. 11a, b).
Die empirische Überprüfung der aufgestellten Hypothese, die die stärkere edv-Unterstützung des administrativen Aufgabenbereiches unterstellt (MÜLDER 1984, S. 153) bestätigten die bis zu diesem Zeitpunkt von KILIAN 1982b und SEIBT/MÜLDER 1980 vorgenommenen und veröffentlichten Ergebnisse.

Zusammengefaßt können die Ergebnisse folgendermaßen formuliert werden:
Der Grad der edv-Unterstützung im administrativen Bereich, besonders der Lohn- und Gehaltsabrechnung und der Personalstatistik kann als sehr hoch (bis zu 98 % der Befragten) angesehen werden. Hingegen überwiegt im Bereich der dispositiven Teilaufgaben eindeutig die manuelle Bearbeitung und Durchführung. (vgl. MÜLDER 1984, S. 154 ff, KILIAN 1982b, S. 42 ff, SEIBT/MÜLDER 1980, S. 30)[1]. Die Folgerung, daß der Ursprung eines jeden PIS im administrativen Aufgabenbereich angesiedelt ist, kann getroffen werden.

2.2.4. Die Strukturen eines edv-gestützten Personalinformationssystems

PIS unterscheiden sich nicht notwendigerweise - außer durch den spezifischen Funktionsgegenstand Personalwesen - von Informationssystemen anderer betrieblicher Funktionsbereiche. Dies gilt im besonderen für den edv-technischen Aufbau, denn lediglich das Vorhandensein einer geeigneten Hard- und Software ist konstituierende Bedingung (vgl. BAUER 1982, S. 16).
Allgemein läßt sich die Struktur eines PIS durch die vier Komponenten
- Arbeitsplatzdatenbank,
- Personaldatenbank,
- Methoden- und Modellbank und die
- Anlagenkonfiguration

kennzeichnen (vgl. DOMSCH 1980, S. 24). In Abbildung 6, S. 29, werden die vier Elemente in einen sach-logischen Zusammenhang gesetzt.

---

[1] Beachte hierzu auch die Ergebnisse der Erhebung des angestrebten Ausbaus und der geplanten Weiterentwicklung bei SEIBT/MÜLDER 1980, S. 31 und KILIAN 1982b, S. 43 f., die auf keine entscheidende Veränderung des bestehenden Verhältnisses hinweisen.

Abb. 6: Struktur eines Personalinformationssystems

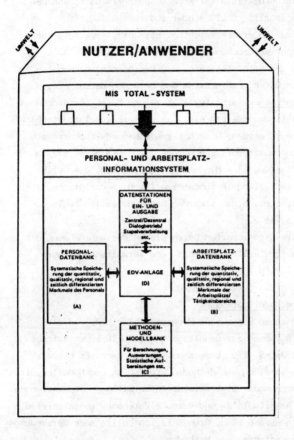

Quelle: DOMSCH 1980, S. 25

Die Personal- und Arbeitsplatzdatenbank
"(...), ist das Kommunikationsmedium bzw. organisatorisch der zentrale Informationsträger eines Personaldatensystems, der die gesammelten und erfaßten personenbezogenen Daten der Arbeitnehmer, mit Adressierung der Arbeitsplätze, nach vorgegebenen und festgelegten

Identifikationen, Codierungen der Dateninhalte, Kriterien und
Adressierungen in automatisierter Form gespeichert hält, von dem
sie per direktem Zugriff (ONLINE) oder indirektem Zugriff
(OFFLINE/Programme) abgerufen (sichtbar gemacht), gepflegt, verändert und gelöscht werden können." (HENTSCHEL 1979, S. 445).
Weiterhin sollte gewährleistet sein, daß personenbezogene Daten
(identifizierende Daten, Fähigkeits- und Leistungsdaten, etc.)
in der Personaldatenbank, arbeitsplatzbezogene Daten (Anforderungs-,
Einsatz-, Entgeltfindungsdaten, etc.) in der Arbeitsplatzdatenbank
getrennt gespeichert werden. Dies hat zum einen edv-technische und
zum anderen datenschutzrechtliche Gründe. Nach HENTSCHEL 1979
stellt diese Einteilung eine Mindestanforderung dar, die durch
entsprechende Unterteilung in Subdateien (z. B. medizinische Datei,
Ausbildungsdatei, etc.) ergänzt werden kann und sollte (vgl.
HENTSCHEL 1979, S. 457).
Die in dieser Form gespeicherten Daten dienen der Wahrnehmung der
in Teil 2.2.3. dargestellten Führungs- und Verwaltungsaufgaben
eines PIS (vgl. DOMSCH 1980, S. 24).[1]

Die Methoden- und Modelldatenbank
ist im edv-technischen Sinne eine Programmbibliothek, die als
"Sammlung von Programmen zur Bewältigung der zu lösenden Aufgabe
(..)" (SCHULZE 1984, S. 290) bezeichnet werden kann. Es handelt
sich also um die Sammlung von Methoden, Verfahren und Modellen, mit
deren Hilfe Berechnungen, statistische Aufbereitungen, Auswertungen,
etc. der in der Arbeitsplatz- und Personaldatenbank gespeicherten
Daten vorgenommen werden kann. Grundsätzlich sollte nach Verwendungszwecken zwischen Verfahren und Methoden

---

[1] Eine nach Merkmalsgruppen differenzierte Darstellung des Inhalts
der Arbeitsplatz- und Personaldatenbank findet sich bei DOMSCH
1980, S. 26/28, das Beispiel eines Stammdatensatzes bei HENSS/
MIKOS 1984, S. 32 f.

- für administrative Aufgabenlösung,
- für statistische Aufbereitung und
- dispositive Aufgabenlösung

unterschieden werden (vgl. DOMSCH 1980, S. 30).

Die Anlagenkonfiguration bzw. der technisch-logische Aufbau eines PIS. Das Kernstück bildet - die i. d. R. vorhandene - zentrale Recheneinheit. Zu der zentralen DV-Anlage gehört die entsprechende Anlagenkonfiguration, die aus Eingabe- (Lochkartenleser, Klarschriftleser, Markierungslesern, Terminals, etc.), Ausgabe- (Druckern, Lochstreifenstanzern, Mikrofilmausgabegeräten, Terminals) und Speichermedien (Magnetplatten-, Magnetband-, Diskettenspeicher, etc.) besteht (vgl. BUSSE 1983, S. 101 ff).
Die Daten werden zu Dateien (Zusammenstellung der für eine Aufgabe wesentlichen Daten und deren Anordnung nach Ordnungsbegriffen wie z. B. der Personalnummer) zusammengefaßt und mit Hilfe spezieller Speichermedien zu Datenbanken integriert. Die Datenbanken bestehen aus der Datenbasis (data base) und einer Gruppe von Systemprogrammen, die es ermöglichen, auf die Datenbasis so zuzugreifen, daß man je nach Bedarf aufgrund unterschiedlicher Ordnungsbegriffe Daten aus den Dateien der Datenbasis entnehmen oder in diese einfügen kann (vgl. SCHULZE 1984, S. 90). Die Organisation des Datenmaterials in Datenbanken ermöglicht demzufolge die Abfrage bzw. Verknüpfung nach beliebigen logischen Strukturen und bietet gegenüber der Organisation in isolierten Datenbeständen die nachstehenden Vorteile (nach FRANZ 1983):

- Direktverarbeitung und Direktabfragen (Online-Betrieb),
- Vermeidung von Mehrfachspeicherungen und damit
- Senkung der Kosten der Speicherung und Verarbeitung,
- Möglichkeit des gleichzeitigen, unabhängigen Zugriffs von mehreren Stellen,
- Datenunabhängigkeit,
- Aktualität der Daten (tagfertig) und
- Programmunabhängigkeit (vgl. FRANZ 1983, S. 11).

Zusammenfassend kann gesagt werden, daß die in Arbeitsplatz- und Personaldatenbank gespeicherten Daten durch die in der Methoden- und Modellbank enthaltenen und definierten Verfahren und Methoden mittels der DV-Zentraleinheit aufbereitet, verarbeitet und bereitgestellt werden können. Die möglichen edv-gestützten Aufgabenlösungen sind demzufolge primär von
- den gespeicherten Daten,
- den vorhandenen Methoden und Verfahren und
- den als zulässig definierten Operationen

abhängig.

2.2.5. Die Entwicklungsphasen eines edv-gestützten PIS

Für den Bereich, der die Entwicklung und Gestaltung computergestützter Informationssysteme betrifft, herrscht in der Literatur weitgehende Einigkeit. Stellvertretend sei hier die Äußerung von HEINRICH/PILS 1983 angeführt:
"Zu den Aktivitäten der Produktplanung kann man analoge Aktivitäten der Systemplanung formulieren. Aus diesen Analogien (...) wird unter besonderer Beachtung der besonderen Bedingungen computergestützter Informationssysteme das **P h a s e n s c h e m a** zur Systemplanung abgeleitet." (HEINRICH/PILS 1983, S. 181, Hervorh. v. Verf.)

Allen Konzepten gemein ist die Gliederung des Gestaltungsprozesses in verschiedene Phasen. In Tabelle 3, S. 33, sind unterschiedliche Phasengliederungen dargestellt.

Unterschiede werden lediglich im Grad der vorgenommenen Differenzierung - also der Anzahl der Phasen - und ihrer weiteren Gliederung in Teilaktivitäten sichtbar. (Vgl. hierzu z. B. das sehr detailliert aufgegliederte Phasenschema von SEIBT 1983, S. 26 ff).
Die Begründung für ein derartiges Vorgehen ist in der erhöhten Transparenz der Planung und den besseren Kontrollmöglichkeiten des Gestaltungsprozesses, durch die Aufteilung der komplexen Gestaltungsaufgabe in überschaubare Abschnitte, zu sehen (vgl. MÜLDER 1984, S. 77).

Tab. 3: Phasengliederungen des Gestaltungsprozesses von edv-gestützten Personalinformationssystemen

DOMSCH	HEINRICH/PILS
Konzeptionsphase - Problemanalyse - Systemplanung - Hardwareuntersuchung Realisierungsphase - Detailorganisation - Softwareentwicklung - Einführung Betriebsphase - Informationsgewinnung - lfd. Aktualisierung - lfd. Betreuung und Wartung des Systems - Erweiterungen und Veränderungen des Systems	Systemanalyse - Vorstudie - Feinstudie Systementwicklung - Grobprojektierung - Feinprojektierung Systemeinführung - Implementierungsvorbereitungen - Implementierung Systempflege - Aufrechterhaltung - Weiterentwicklung

Quellen: DOMSCH 1980, S. 36 ff, HEINRICH/PILS 1983, S. 181 f
Die Tabelle wurde vom Verfasser erstellt.

Eine ähnliche Meinung vertritt DOMSCH 1980, wenn er die ganzheitliche Entwicklung von PIS als unrealistisch und zum Scheitern verurteilt bezeichnet (vgl. DOMSCH 1980, S. 39).
Des weiteren finden sich in der Literatur eine Vielzahl von Methoden und Werkzeugen, die die einzelnen Phasen in Planung, Durchführung und Kontrolle unterstützen. Auf diese kann im Rahmen dieser Arbeit

nicht eingegangen werden (vgl. aber hierzu z. B. GESTER/MÜLDER 1983,
S. 13 ff (allgemeine Beschreibung) und S. 22 ff (Beispiele)).

Ich möchte im Anschluß eine, auf die Phasenkonzeption fussende,
pragmatisch ausgerichtete, für die Entwicklung und Gestaltung
neuer edv-gestützter Projekte allgemeingültige Konzeption vorstellen. Dies geschieht in Anlehnung an die Darstellung von
WEITZEL 1983, S. 75 ff.
Einen Überblick über das Konzept gibt die Abbildung 7, S. 35. Sie
zeigt zum einen das zugrunde liegende Phasenmodell und stellt zum
anderen den Ablauf - also den Prozeß der Systemgestaltung eines
neuen Informationssystems - dar. Die weiteren Ausführungen orientieren sich an den in Abbildung 7 befindlichen Ordnungszahlen.

zu A.
Den Anstoß für die Initiierung eines neuen edv-gestützten Projektes
(A.1.) können bilden:
- Langfristig bestehende Konzepte zur organisatorischen Weiterentwicklung,
- Verbesserungsvorschläge,
- festgestellte Mängel im bestehenden System,
- etc.
Derartige Anstöße führen dann i. d. R. zu Voruntersuchungen (A.2.),
die die vorhandenen Mängel aufdecken und zur Entwicklung erster
Vorstellungen über die durch das neue Verfahren angestrebten Verbesserungen beitragen. Somit ist die grobe Aufgabenstellung des
Projekts fixiert und wird anschließend in einem Projektantrag beschrieben und begründet.
zu B.
Der Projektantrag (B.1.) sollte als Mindestanforderung die drei
Komponenten
- Beschreibung der Ausgangssituation (detaillierte IST-Analyse
  eventuell mit SOLL-Vergleich "alt"),
- Beschreibung der Aufgabenstellung incl. angestrebten Zielzustand
  (SOLL-Konzeption "neu") und

Abb. 7: Die Entwicklung eines DV-Verfahrens als Prozeß

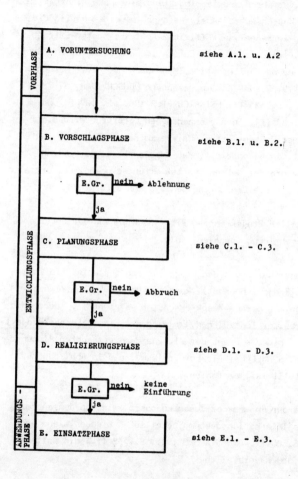

Quelle: Vom Verfasser in Anlehnung an die Ausführungen in
WEITZEL 1983, S. 75 ff erstellt

- die Wirtschaftlichkeitsrechnung (KOSTEN - NUTZEN - Analyse
  für das alte Verfahren, sowie mindestens eine neue Alternative)
enthalten. Zur Kosten-Nutzen-Analyse (synonym werden häufig die
Begriffe Kosten-Wert-Analyse, Effizienz-Analyse, Kosten-Ertrags-
Analyse, etc. verwandt), die als Entscheidungshilfen für die Beurteilung einzelner oder alternativer Maßnahmen definiert werden
(vgl. DOMSCH 1979, S. 339 und insbesondere DOMSCH 1980, S. 78 ff,
WEIERMAIR, 1979, S. 325 ff, HEINRICH/PILS 1983, S. 189 f. und
MÜLDER 1984, S. 87 ff). In der angegebenen Literatur wird die
Problematik einer Kosten-Nutzen-Analyse im Personalbereich ausführlich diskutiert. Insbesondere findet der Aspekt einer Vielzahl
nicht quantifizierbarer Nutzen (es ist mitunter unmöglich, erzielte
Erfolge direkt auf die Einführung des Systems zurückzuführen)
seine Würdigung.
Der fertiggestellte Projektantrag wird anschließend der Unternehmensleitung zur Genehmigung vorgelegt (B.2.).
zu C.
Hat die Unternehmensleitung den Projektantrag genehmigt (falls
nicht, ist das Projekt beendet), kann mit der konkreten Planung
begonnen werden. Zu diesem Zweck erscheint es sinnvoll, zuerst den
Kreis der Bearbeiter festzulegen. Es wird der Einsatz eines Projekt-
Teams (z. B. nach dem Konzept der miteinander vermaschten Planungsteams der Gebr. SCHNELLE (Quickborner Team), das in Abbildung 8,
S. 37, dargestellt ist) empfohlen.

Zu dem Problem der Formen der Zusammenarbeit zwischen den an der
Gestaltung des Informationssystems beteiligten Gruppen siehe auch
MÜLDER 1984, S. 80 ff. und STAEHLE 1985, S. 432 ff., die weitere
Koordinationsformen vorstellen.

Dem eben gesagten zu Folge sind dann
- die Mitglieder der Projektgruppe,
- der Projektleiter,
- die Mitglieder des Beratungsausschusses und
- die Mitglieder des Entscheidungsgremiums
festzulegen (C.1.). Primäre Aufgabe des Teams in der Planungsphase

Abb. 8: Das Konzept der miteinander vermaschten Planungsteams
der Gebr. SCHNELLE

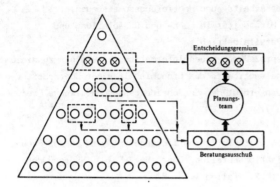

Quelle: STAEHLE 1985, S. 464

ist die Erstellung der <u>Leistungsbeschreibung</u>, die den Leistungsumfang und den vorgeschlagenen Lösungsweg incl. den Vorschlägen einzusetzender Hardware beinhaltet (C.2.). Nach Fertigstellung wird die Leistungsbeschreibung (= Ergebnis der Planungsphase), eine überarbeitete Kosten-Nutzen-Analyse und eine Terminübersicht dem Entscheidungsgremium zugeleitet (C.3.).
Zu D.
Stimmt das Entscheidungsgremium den vorgelegten Ergebnissen zu, beginnt die Realisierungsphase. Sie hat die primäre Aufgabe, die in der Planungsphase erarbeiteten Ergebnisse zu operationalisieren, d. h.
- die einzelnen Arbeitsschritte des neuen Verfahrens (zwecks Erstellung der Arbeitsanweisung) detailliert zu beschreiben,
- die in Zukunft edv-gestützten Aufgaben zu kennzeichnen und sie so detailliert zu beschreiben, daß die Programmerstellung **möglich wird**,

- die Programme zu erstellen bzw. bei Fertigsoftware anzupassen und
- die Programme zu codieren (Programmsprache!) und zu testen (D.1.)

Der Schritt D.2. beinhaltet im Anschluß
- die Erstellung der Arbeits- und Hantierungsanweisungen,
- die Schulung der Mitarbeiter in Fach- und DV-Abteilung und
- den Probe- bzw. Parallelbetrieb.

Ist der Gestaltungsprozeß des neuen Informationssystems bis zu diesem Punkt erfolgreich gelangt, wird das Ergebnis mit einer überarbeiteten Kosten-Nutzen-Analyse erneut dem Entscheidungsausschuß zwecks Freigabe vorgelegt (D.3.).

zu E.

Ist das neue edv-gestützte Verfahren freigegeben, wird es der Fach- und DV- bzw. Organisationsabteilung übergeben (E.1.). Während der Phase des Betriebs (E.2.) fallen i. d. R.
- Wartungs-,
- Anpassungs-,
- Optimierungs- und
- Weiterentwicklungsaufgaben an (E.3.). Letztgenannte Aufgaben schließen den Kreislauf, denn sie unterliegen den hier beschriebenen Gestaltungsprozessen.

(vgl. zur Darstellung des Gestaltungsmodells WEITZEL 1983, S. 75 ff.).

2.3. Zusammenfassung

Als Ergebnis der Darstellung des Funktionsbereiches Personalwesen wurden die einschneidenden Veränderungen des Aufgabenfeldes, die dadurch bedingte Wandelung der organisatorischen Einordnung in das betriebliche Gefüge und ein entsprechender Wandel des personalwirtschaftlichen Instrumentariums festgehalten.

PIS stellen ein durch oben beschriebenen Wandel entstandenes neues Instrument des Personalwesens dar.

Hervorzuheben ist, daß sie als Instrumente der Personalführung und -verwaltung charakterisiert wurden, die in Wirtschaft und Verwaltung in zunehmendem Maße entwickelt und eingeführt wurden. Ihr Ausgangspunkt war i. d. R. das als administrativ gekennzeichnete Aufgabenfeld. Erst in der jüngeren Vergangenheit wurden Nutzungsmöglichkeiten im dispositiven Bereich von der Praxis erwogen und entwickelt, d. h., daß die theoretisch umfassenden und anspruchsvoll konzipierten Modelle wissenschaftlicher Prägung (siehe z. B. die Definitionen von DOMSCH 1972 und HACKSTEIN/KOCH 1975) in der Praxis nur geringe Akzeptanz und Durchsetzung fanden. Dies liegt zum einen an der deutlich erkennbaren Schwierigkeit, personalwirtschaftliche Aufgaben zu alogarithmieren und zum anderen an Problemen, die den Bereich des Zielkonfliktes der betrieblichen Interessengruppen incl. der daraus resultierenden Auseinandersetzungen betreffen (z. B. Konflikte und Probleme datenschutzrechtlicher Art, die es im nächsten Teil der Arbeit darzustellen gilt).

3. DIE RECHTLICHEN PROBLEME BEI PLANUNG, EINFÜHRUNG UND BETRIEB EINES EDV-GESTÜTZTEN PERSONALINFORMATIONSSYSTEMS

In dem hier zu diskutierenden Problemfeld rechtlicher Fragestellungen und Rahmenbedingungen werden die widerstreitenden Positionen der Sozialpartner (Arbeitnehmer/Arbeitgeber und die jeweiligen Interessenvertretungen) bzgl. der Planung, Einführung und dem Betrieb von PIS in besonderem Maße sichtbar. Die in den Unternehmen sowie in der Literatur geführte Auseinandersetzung hat
- arbeitsrechtliche, genauer <u>betriebsverfassungsrechtliche</u> Meinungsverschiedenheiten (besonders bzgl. Mitwirkungs- und Mitbestimmungsrechten der Arbeitnehmervertretungen (Betriebsrat, Gesamtbetriebsrat und Konzernbetriebsrat)) und solche
- <u>datenschutzrechtlicher</u> Art, namentlich auf der Grundlage des Bundesdatenschutzgesetzes (BDSG) vom 27.1.77

als Ausgangspunkt.

Da die fortgeschrittene Diskussion in den erwähnten Problemfeldern lediglich zur Abgrenzung bzw. Präzisierung des Meinungsstandes der Beteiligten (vgl. JOBS/SAMLAND 1984, Vorwort S. VII) und nicht zur

Entwicklung überbetrieblicher, d. h. gesetzlicher oder durch die
Rechtsprechung entwickelter Lösungen geführt hat, zeichnet sich
zur Zeit eine verstärkt in Anspruch genommene betriebliche Konfliktlösung mittels Tarifverträgen (TV) und Betriebsvereinbarungen
(BV) ab (vgl. JOBS 1984, S. 120).

Die nun folgenden Ausführungen beziehen sich dem oben gesagten
zufolge auf die Darstellung der Mitwirkungs- und Mitbestimmungsrechte der Arbeitnehmervertretungen, die Rolle des Bundesdatenschutzgesetzes und auf Betriebsvereinbarungen i. S. betrieblicher
Konfliktlösungsinstrumente.

Ausgeklammert wird die Betrachtung aller informationellen Datenerhebungs- und -verarbeitungsprozesse, die aufgrund gesetzlicher
Verordnungen und Vorschriften vorgenommen werden und die Weiterleitung und Übermittlung der erhobenen, verarbeiteten und verwalteten
Informationen an öffentliche Institutionen, Behörden, Versicherungen,
etc. zum Inhalt haben.[1] Begründet wird dieses Vorgehen durch den
nicht vorhandenen Entscheidungsspielraum der Unternehmen bzgl. der
Durchführung des betrieblichen Auskunfts- und Meldewesens. Somit
erübrigt sich die Diskussion mitbestimmungsrechtlicher Fragestellungen in diesem Kontext.

3.1.   Die Beteiligungsrechte der Arbeitnehmervertretungen bei
        Planung, Einführung und Betrieb eines edv-gestützten
        Personalinformationssystems

Die Planung, Einführung und der Betrieb neuer Informationstechnologien
in Wirtschaft und Verwaltung - hier PIS - wirft die Frage auf, ob

---

[1] Nach KILIAN 1977b existieren mehr als 100 bundesrechtliche
Spezialvorschriften des Arbeits-, Sozial- und Steuerrechts,
nach denen die Unternehmen verpflichtet werden, Informationen
über Arbeitnehmer zu erheben und zu übermitteln.
Vgl. hierzu auch HENTSCHEL 1976, S. 1 ff.

und wenn ja in welcher Weise Auswirkungen auf die Beteiligungsrechte
der Arbeitnehmervertretungen zu erwarten sind (vgl. KILIAN 1982b,
S. 181). Im Hinblick auf die Beurteilung der einzelnen Gesetze, Vorschriften, Verordnungen und den daraus ableitbaren Rechten ist ein
Blick auf die spezifische Konstruktion der "industriellen Demokratie"
(industrial democracy) in der BRD hilfreich.
Die Mitbestimmung der Arbeitnehmer, ihrer Vertreter und Organisationen
ist in der BRD auf verschiedenen Ebenen - Betriebs-, Unternehmens-
und Konzernebene - angesiedelt und institutionalisiert bzw. in Gesetzen festgeschrieben. Durch die untereinander verschiedenen Regelungen werden den Arbeitnehmern unterschiedlich stark ausgeprägte
Beteiligungsrechte hinsichtlich der Arbeitsbedingungen und der Unternehmensentscheidungen zugebilligt. Dem "Industrial Relation
System" der BRD liegt ein Kooperationsmodell - und nicht etwa wie
in den USA ein Konfrontationsmodell - zu grunde, das die Beziehungen
der Akteure (Staat, Arbeitgeber und Arbeitnehmer) zueinander bestimmt. Als Beispiel sei die Formulierung des § 2 Abs. 1 Betr.Verf.G
von 1972 wiedergegeben: "Arbeitgeber und Betriebsrat arbeiten (...)
vertrauensvoll und im Zusammenwirken mit den im Betrieb vertretenen
Gewerkschaften und Arbeitgebervereinigungen zum Wohle der Arbeitnehmer und des Betriebes zusammen."

Für die Beurteilung der Beteiligungsrechte der Arbeitnehmer bzw. die
Beteiligung des Betriebsrates an Unternehmensentscheidungen in bezug
auf PIS liefert nach KILIAN 1982b nur das Betriebsverfassungsgesetz
(Betr.Verf.G.) von 1972 [1] den unmittelbaren juristischen Beurteilungsrahmen (vgl. KILIAN 1982b, S. 182).
Als wesentlicher Gesetzesinhalt des Betr.Verf.G. ist die Möglichkeit
der Errichtung von Betriebsräten zur Interessenvertretung der Arbeitnehmer zu bezeichnen. Die Einwirkungsmöglichkeiten des Betriebs-

---

1) Wenn nicht abweichend gekennzeichnet, handelt es sich im folgenden
um das Betr.Verf.G. von 1972

rates auf die Entscheidungen des Arbeitgebers sind,unterschiedlich
stark ausgeprägt, verankert. Sie reichen von der bloßen Informationspflicht (§ 105) über Beratungspflichten (§ 92) zur Möglichkeit, unter
bestimmten Voraussetzungen Widerspruch einzulegen (§ 99), bis hin
zu Fällen der echten Mitbestimmung (§ 87), bei denen im Falle der
Nichteinigung die Einigungsstelle zwecks Entscheidung angerufen wird.
Keine Mitbestimmung ist in wirtschaftlichen Angelegenheiten vorgesehen. Grundsätzlich bleibt festzuhalten, daß dem Betriebsrat
Mitwirkungs- bzw. Mitentscheidungsrechte zustehen. Mitwirkung in der
Ausprägung als Informations-, Beratungs- und Anhörungsrecht, Mit-
entscheidung in der Ausprägung als Veto-, Mitentscheidungs- und
Initiativrecht (vgl. für viele andere HANAU/ADOMEIT 1981, S. 91 ff.,
ZÖLLNER 1979, S. 317 ff., KITTNER 1983, S. 419 ff.).

Die eigenrechtliche Problematik in der Beurteilung der Beteiligungsrechte des Betriebsrates nach dem Betr.Verf.G. ist aber in der
Tatsache zu sehen, daß PIS bzw. neue Informationstechnologien auch
in dem 1972 novellierten Gesetzestext des Betr.Verf.G. keine
explizite Erwähnung finden. "Das liegt einmal darin begründet, daß
der Gesetzgeber eine derartige (Einführung und Entwicklung neuer
Informationstechnologien, d. Verf.) nicht vorausgesehen hat und
nicht voraussehen konnte und somit gesetzliche Regelungen fehlen."
(JOBS 1984, S. 120, vgl. auch KILIAN 1982b, S. 184 und kritisch
KÜPFERLE 1984, S. 204 f.).
Da, wie eben festgestellt, keine direkt anwendbaren Rechtsvorschriften
bestehen, bietet sich die Möglichkeit, Antworten aus dem rechtlichen
Systemzusammenhang, d. h. durch Analogieschlüsse und Berücksichtigung
der Rechtsprechung zu entwickeln, an.
Bevor ich die Mitbestimmungs- und Mitwirkungsrechte detaillierter
darstellen werde, möchte ich zwei grundlegende Anmerkungen machen.
1) Solange kein gesetzlicher Mitbestimmungstatbestand existent ist,
   der dem Betriebsrat genau definierte Rechte in Sachen Einführung
   und Anwendung von PIS zuweist, muß in jedem Einzelfall eines
   gegebenen Systems zur Verarbeitung von Personaldaten das Vorliegen
   des Mitbestimmungstatbestandes anhand der Fülle von Einzel-

vorschriften geprüft werden (vgl. JOBS 1984, S. 121).
2) Die konkrete dv-technische Ausstattung und der Umfang eines PIS sind für die rechtliche Beurteilung ohne Bedeutung. Für die Geltung des Betr.Verf.G. ist es demzufolge belanglos, ob ein System z. B.
- viele oder wenige personenbezogene Daten pro Arbeitnehmer speichert,
- viele oder wenige Arbeitnehmer zum Inhalt hat, oder
- zentral oder dezentral organisiert ist.

Die rechtliche Beurteilung bleibt die Gleiche [1] (vgl. KOFFKA 1984, S. 88).

3.1.1. Die Mitwirkungsrechte begründenden Vorschriften des Betr.Verf.G. von 1972

Aus der Fachliteratur lassen sich nachfolgend aufgeführte Rechtsvorschriften des Betr.Verf.G. extrahieren, die dem Betriebsrat ein Mitwirkungsrecht - in Form von Informations-, Beratungs- und/oder Anhörungsrechten - bei Planung, Einführung und Betrieb von edv-gestützten PIS gewähren.

- § 75 Grundsätze für die Behandlung der Betriebsangehörigen.
Die Vorschrift verpflichtet die Betriebsparteien auf Schutz und Förderung der freien Entfaltung der Persönlichkeit der Arbeitnehmer. Sie enthält den Grundsatz der Gleichbehandlung und des Persönlichkeitsschutzes. (Magna-Charter der Betriebsverfassung)
- § 80 Allgemeine Aufgaben.
Abs. 1 Beinhaltet die Pflicht des Betriebsrates, die Anwendung arbeitsrechtlicher Vorschriften zu überwachen und
Abs. 2 die Pflicht des Arbeitgebers, den Betriebsrat rechtzeitig

---

[1] Im Vorgriff auf den nächsten Abschnitt sei angemerkt, daß inhaltlich das Gleiche für das Bundesdatenschutzgesetz (BDSG) gilt.

	und umfassend zu unterrichten.
- § 90 Nr. 2, 3 und 4	Unterrichtungs- und Beratungsrechte des Betriebsrates über die Planung von technischen Anlagen, Arbeitsverfahren, Arbeitsabläufen und Arbeitsplätzen.
- § 92 Abs. 1	Personalplanung beinhaltet die rechtzeitige und umfassende Unterrichtung des Betriebsrates über die Personalplanung, hingegen enthält
Abs. 2	ein Vorschlagsrecht bezüglich der Ein- und Durchführung der Personalplanung durch den Betriebsrat.
- § 96	Förderung der Berufsbildung, gewährt dem Betriebsrat ein Beratungsrecht hinsichtlich der Förderung der Berufsbildung der Arbeitnehmer und gewährt zusätzlich ein Vorschlagsrecht.
- § 111	Betriebsänderung verpflichtet den Arbeitgeber, den Betriebsrat über geplante Betriebsänderungen, die wesentliche Nachteile für die Belegschaft haben, rechtzeitig und umfassend zu unterrichten. Im Zusammenhang mit PIS erscheinen Nr. 4 (grundlegende Änderung der Betriebsorganisation, ...) und Nr. 5 (Einführung grundlegend neuer Arbeitsmethoden ...) besonders bedeutungsvoll.

Da in der vorliegenden Arbeit nicht in hinreichender Ausführlichkeit und Tiefe auf diese juristischen Fragestellungen, die zudem in der Literatur kontrovers diskutiert werden, eingegangen werden kann und soll, werde ich exemplarisch an den Bestimmungen des § 92 Betr.Verf.G. die Problematik der Anwendung des Betriebsverfassungsrechts verdeutlichen.[1)]

Gemäß § 92 Abs. 1 Betr.Verf.G. wird dem Betriebsrat ein rechtzeitiges und umfassendes Informationsrecht hinsichtlich der Personalplanung zugestanden. Konkretisiert man die Vorschrift auf die Verwendung von PIS, so ist grundsätzlich ein Mitwirkungsrecht in Form von Informa-

---

1) Beachte den Literaturhinweis am Ende des Gliederungspunktes 3.1.

tionsrechten zu bejahen. Die durch ein PIS gewonnenen Ergebnisse, wie Berichte zum Personalbestand, Fluktuations- und Altersaufbauanalysen bzw. weitere Auswertungen statistischer Art, etc., bilden einen wesentlichen Teil der für die Personalplanung notwendigen Informationsgrundlage (vgl. DOMSCH 1980, S. 57, FRANZ 1983, S. 214). Einzuschränken ist dieses Informationsrecht des Betriebsrates für die Planungsphase. Zu diesem Zeitpunkt steht die Entwicklung eines edv-geeigneten Strukturkonzeptes im Vordergrund der Aktivitäten. Wenngleich die Personalplanung als wesentlicher Anwendungsbereich als Ziel angestrebt wird, so wird durch diesen Tatbestand keinesfalls Personalplanung ansich betrieben. Ein Mitwirkungsrecht in der Planungsphase wird nach § 92 Abs. 1 i. d. R. also nicht begründet (vgl. FRANZ 1983, S. 122).

Insoweit herrscht Einigkeit über die Mitwirkungsrechte des Betriebsrates bzgl. der Personalplanung mittels eines PIS. Strittig hingegen ist Art und Umfang des Informationsrechtes. Das Gesetz verlangt die Information "(...) an Hand von Unterlagen (...)" (Gesetzestext § 92 Betr.Verf.G.), unterläßt es jedoch, den Begriff zu konkretisieren. So vertritt z. B. FRANZ 1983 die Meinung, daß die für die Personalplanung relevanten Informationen auch Ergebnisse, Berichte und wirtschaftliche Daten - ohne deren Kenntnis das Planungsverfahren nicht verständlich wäre - mit einbeziehen (vgl. FRANZ 1983, S. 214, DOMSCH 1980, S. 57). Hiermit vertritt sie eine im Gegensatz zur überwiegend herrschenden Kommentarmeinung stehende Ansicht (vgl. DIETZ/RICHARDI 1981, § 92 Betr.Verf.G. Rdnr. 8).

Es bleibt festzustellen, daß die Regelungen des § 92 Betr.Verf.G. - wie im übrigen alle Vorschriften dieses Gesetzes - in hohem Maße von dem beiderseitigen Willen i. S. des zugrunde liegenden Kooperationsmodelles zu agieren, abhängig sind." Beteiligung an betrieblichen Entscheidungsprozessen setzt Information über den Gegenstand der Beteiligung voraus." (KILIAN 1982b, S. 219), aber über eben diese innerorganisatorischen Informationsflüsse herrscht z. Z. bzgl. der Art und des Umfangs Unklarheit.

3.1.2. Die Mitbestimmungsrechte begründenden Vorschriften des Betr.Verf.G. von 1972

Analog dem in 3.1.1. verwandten Verfahren lassen sich nachfolgende Rechtsvorschriften des Betr.Verf.G. extrahieren, die dem Betriebsrat <u>Mitbestimmungsrechte</u> - in Form von Veto-, Mitentscheidungs- und/ oder Initiativrechten - gewähren können. In Frage kommen:

- § 87 Abs. 1   <u>Mitbestimmungsrechte</u>
- Zif. 1   bei Fragen der Ordnung des Betriebes und des Verhaltens der Arbeitnehmer,
- Zif. 4   bei Regelungen bzgl. Ort, Zeit und Art der Auszahlung des Entgelts,
- Zif. 6   bei Einführung technischer Einrichtungen zur Überwachung des Verhaltens oder der Leistung der Arbeitnehmer,
- Zif. 7   bei Regelungen über den Gesundheitsschutz und
- Zif. 10   bei Fragen der betrieblichen Lohngestaltung, insbesondere der Aufstellung entsprechender Richtlinien,
- § 94   <u>Personalfragebogen und Beurteilungsgrundsätze</u>, der einen Zustimmungsvorbehalt des Betriebsrates beinhaltet,
- § 95   <u>Auswahlrichtlinien</u>, der die Zustimmungsbedürftigkeit der Richtlinien über die personelle Auswahl bei Einstellung, Umgruppierung und Kündigung fixiert,
- § 98   <u>Durchführung betrieblicher Bildungsmaßnahmen</u>, der die Durchführung solcher Maßnahmen mitbestimmungspflichtig macht, und
- §§ 99 und 102   <u>Personelle Einzelmaßnahmen und Kündigung</u>, die den Arbeitgeber verpflichten, vor jeder Einstellung, Eingruppierung, Umgruppierung und Versetzung die Zustimmung des Betriebsrates einzuholen bzw. bei Kündigungen dem Betriebsrat ein Widerspruchsrecht einräumen.

(vgl. KILIAN 1982b, S. 200, KOFFKA 1984, S. 90, JOBS 1984, S. 121)

Da auch die ausführliche Diskussion der in Betracht kommenden
Mitbestimmungsrechte bei Planung, Einführung und Betrieb von PIS
in dieser Arbeit nicht geleistet werden kann, möchte ich exemplarisch die Regelungen des § 87 Abs. 1 Zif. 6 näher beleuchten. Die
Vorschrift lautet: "Der Betriebsrat hat, (...) mitzubestimmen (bei,
d. Verf.) Einführung und Anwendung von technischen Einrichtungen,
die dazu bestimmt sind, das Verhalten oder die Leistung der Arbeitnehmer zu überwachen, (...)".
Die Vorschrift bildet die juristische Beurteilungsgrundlage der im
Brennpunkt stehenden Frage, ob die Einführung eines PIS mitbestimmungspflichtig ist, und somit der direkten Beeinflussung durch den
Betriebsrat unterliegt. Der hohe Bedeutungsgrad dieser Frage hat
eine umfangreiche, kontrovers geführte Auseinandersetzung in der
Literatur ausgelöst. Desgleichen haben sich verschiedene Gerichte
(ArbG Karlsruhe mit Urteil vom 27.1.83 (vgl. DB 1983, S. 1211), LAG
Frankfurt mit Beschluß vom 1.9.83 (vgl. DB 1984, S. 459), ArbG
Düsseldorf mit Beschluß vom 9.1.80 (vgl. BB 1980, S. 468)) mit zum
Teil widersprüchlichen Positionen mit der Materie auseinandergesetzt.
So vertritt JOBS 1984 im Ergebnis folgende Ansicht:
Ein PIS stellt eine Überwachungseinrichtung dar, wenn es auf technischem Wege zur Gewinnung und Aufzeichnung von Informationen über
das Verhalten und die Leistung der Arbeitnehmer durch vorhandene
und verwendete Programme objektiv bestimmt ist und eine Auswertung
der Informationen unmittelbar und aktuelle möglich ist (vgl. JOBS
1984, S. 131 und 1983, S. 2307 f.).
Verkürzt argumentieren andere Autoren (z. B. SÖLLNER 1984, ZÖLLNER
1984), daß nicht das PIS ansich die Überwachung von Leistung und
Verhalten durchführe, sondern vorgeschaltete technische Einrichtung
(Zeiterfassungsgeräte) bzw. Menschen (Dateneingabe). Außerdem würden
keine Daten neuer Qualität produziert, da ausschließlich Informationen, die in den Ausgangsdaten enthalten seien, durch neue Verarbeitungsverfahren zugängig gemacht und somit die impliziten Zusammenhänge transparent würden (vgl. SÖLLNER 1984, S. 1243 ff.,
ZÖLLNER 1984, S. 241 ff., DOMSCH 1980, S. 56). Sie kommen daher

schlußendlich zu dem Ergebnis, daß die Einführung eines PIS ein
i. S. des § 87 Abs. 1 Zif. 6 nicht mitbestimmungspflichtiger Vorgang sei.
Der kontroverse Stand der Diskussion ist vorerst durch den am 14.9.84
ergangenen Beschluß des BAGs (Aktenzeichen 1 ABR 23/82) beendet bzw.
vereinheitlicht worden. Das Gericht stellte in seinem Beschluß ein
Mitbestimmungsrecht des Betriebsrates bei der Einführung eines PIS
nach § 87, I, 6 Betr.Verf.G. zweifelsfrei fest, wenn in Unternehmen
mit Hilfe einer technischen Einrichtung verhaltens- und leistungsbezogene Daten erhoben bzw. zu Ergebnissen über Verhalten und
Leistung von Arbeitnehmern zusammengefaßt werden (vgl. WIMMER 1985,
S. 248, WiWo 1984, S. 76 ff.). PIS seien in diesem Zusammenhang
als technische Einrichtung zu interpretieren. Es sei unerheblich,
ob der Arbeitgeber die Überwachung von Verhalten und Leistung tatsächlich verfolge, da die bloße objektive Geeignetheit einer technischen Einrichtung hinreichender Tatbestand für das Entstehen des
Mitbestimmungsrechtes sei.

Bei der Beurteilung der gerichtlichen Stellungnahmen muß die ausschließliche Beschäftigung der Gerichte mit dem System PAISY berücksichtigt werden. Es existieren aber neben PAISY weitaus komplexere
PIS bzw. ist der Trend zur Entwicklung solcher Systeme erkennbar
(vgl. die statistischen Belege bei KILIAN 1982b, MÜLDER 1984 und
ORTMANN 1984).

Zusammenfassend wird festgestellt, daß betriebsverfassungsrechtliche
Fragestellungen bzgl. PIS in Zukunft weiterer Klärung bedürfen. Aufgrund der fehlenden Erwähnung im Gesetzestext scheint der von KILIAN
1982b vorgeschlagene Weg, das Betr.Verf.G. zu ergänzen bzw. zu modifizieren, erfolgversprechend (vgl. KILIAN 1982b, S. 221). Eine ausführliche, an den Phasen der Entstehung orientierte Diskussion betriebsverfassungsrechtlicher Problemstellungen findet sich bei
FRANZ 1983. [1]

---

1) Zur Vertiefung der angerissenen Problematik verweise ich auf:
HÜMMRICH 1978, S. 1934 ff., KLEBE/SCHUMANN 1983, S. 40 ff.,
MÜLLNER 1984,S. 475 ff., SAMLAND 1982, S. 1800 ff., WOHLGEMUTH
1982a, S. 36 ff., HENTSCHEL/GLISS/WRONKA 1984, S. 9 ff., SIMITIS
1983, S. 31 ff., HENTSCHEL 1983, S. 11 ff., GOLA 1980, S. 584 ff.,
SCHMIDT-DORRENBACH/GOOS 1983, S. 2 ff., ÖTV 1983a, S. 3 ff.,KARG
1982

3.2. Die Beurteilung von edv-gestützten Personalinformationssystemen aus der Sicht des Bundesdatenschutzgesetzes

Die Weiterentwicklung der elektronischen Datenverarbeitung - z. B. die Errichtung komplexer Informationssysteme - hat die Gefahren, die aus dem unkontrollierten Umgang mit personenbezogenen Daten entstehen können, deutlich werden lassen. Diesen Gefahren, namentlich die Verletzung der Persönlichkeitssphäre, will das Datenschutzrecht entgegenwirken. Spätestens seit dem Volkszählungsurteil des BVerfG vom 15.3.1983 (vgl. DB 1984, S. 36 ff.), das die informationelle Selbstbestimmung des Einzelnen als zu gewährleistendes Recht ausdrücklich anerkennt, ist der Stellenwert des Datenschutzes unzweifelhaft. In diesem Sinne kann von einem quasi Grundrecht Datenschutz gesprochen werden (vgl. WRONKA 1984, S. 181).

Den Schutz der Persönlichkeitssphäre des Einzelnen bei der Datenverarbeitung soll das Bundesdatenschutzgesetz (BDSG) vom 27.1.1977 (BGBl. I, S. 201), vollständig in Kraft getreten am 1.1.1979, gewährleisten. Ob der teilweise generalklauselartigen Weite der Vorschriften wird dieses Gesetz häufig als datenschutzrechtliches "Grundgesetz" bezeichnet (vgl. WRONKA 1984, S. 185). Als wesentlicher Gesetzesinhalt bzw. als Ziel des BDSG kann der Schutz des Einzelnen vor den Gefahren der Verarbeitung von Daten (Speicherung, Übermittlung, Veränderung und Löschung), die sich auf seine Person beziehen, bezeichnet werden. Dabei bezieht es sich auf alle Arten von personenbezogenen Daten (keine Differenzierung zwischen sensiblen und allgemeinen Daten), die in der öffentlichen Verwaltung (Behörden) und in Privatunternehmen unter Zuhilfenahme der EDV bearbeitet werden (vgl. § 1 Abs. 2 BDSG). Anstelle der Auflistung von Persönlichkeitsverletzungen stellt das Gesetz einige Grundforderungen auf, die bei der Verarbeitung von personenbezogenen Daten zu berücksichtigen sind. Nach GOLA 1977 können diese wie folgt zusammengefaßt werden:

"Der Einzelne hat grundsätzlich ein Recht zu wissen,
1. wer Daten über ihn besitzt,
2. welche Daten gespeichert sind,

3. an wen seine Daten weitergegeben werden,
und es muß gewährleistet sein, daß
4. die Daten richtig sind,
5. die Daten zulässig und zweckgebunden gespeichert sind,
6. die Daten vor Mißbrauch gesichert sind." (GOLA et al. 1977, S. 21).
Klärungsbedürftig ist der Geltungsbereich des Gesetzes. Grundsätzlich schützt das Gesetz personenbezogene Daten, die in Dateien verarbeitet werden. Gemäß § 2 Abs. 1 BDSG werden personenbezogene Daten definiert als "Einzelangaben über persönliche und sachliche Verhältnisse einer bestimmten oder bestimmbaren Person (Betroffener)" und Dateien gem. § 2 Abs. 3 Nr. 3 BDSG als gleichartig aufgebaute Sammlung von Daten, die nach bestimmten Merkmalen erfaßt geordnet, nach anderen Merkmalen umgeordnet und ausgewertet werden können. Es werden also nicht alle personenbezogenen Daten geschützt, sondern nur diejenigen, die das Dateikriterium erfüllen. Des weiteren ist der nachgeordnete Charakter des BDSG, wie er durch § 3 und § 45 (Subsidiaritätsklausel) deutlich wird, festzuhalten (vgl. WRONKA 1984, S. 186).

Da der Arbeitnehmerdatenschutz in der BRD weder in einem eigenen Gesetz, noch in speziellen gesetzlichen bzw. datenschutzrechtlichen Vorschriften für PIS fixiert ist, dient auch hier das BDSG - neben einigen fach- und bereichsspezifischen Regelungen (etwa Geheimhaltungsvorschriften und Auskunftsverboten des Steuerwesens, der Statistik, etc.) - als Grundlage für die Beurteilung des Datenschutzes bei Einsatz von PIS. Besondere Bedeutung kommen dem 1. Abschnitt (Allgemeine Vorschriften §§ 1 - 6) und dem 3. Abschnitt (Datenverarbeitung nicht-öffentlicher Stellen für eigene Zwecke §§ 22 - 30) zu.

Im Anschluß werden die Vorschriften des BDSG hinsichtlich der im Spannungsfeld PIS - Datenschutz stehenden Bereiche Datenverarbeitung, Datensicherung, Rechte der Betroffenen und Kontrolle des Datenschutzes dargestellt.

3.2.1. Datenverarbeitung und edv-gestützte Personalinformationssysteme

Im BDSG sind die Phasen Speicherung, Übermittlung, Veränderung und Löschung (Datenverarbeitung) personenbezogener Daten geregelt. Keine Erwähnung findet hingegen die Erfassung der Arbeitnehmerdaten, so daß für diesen Bereich die Gültigkeit der allgemeinen Regelungen des Arbeitsrechts angenommen werden kann (z. B. § 94 Abs. 1 Betr. Verf.G., Personalfragebogen).

Als <u>Speicherung</u> definiert § 2 Abs. 2 Nr. 1 BDSG "(..) das Erfassen, Aufnehmen und Aufbewahren von Daten auf einem Datenträger zum Zwecke ihrer weiteren Verwendung." Speziell die Speicherung von Arbeitnehmerdaten wird durch § 23 BDSG i. V. m. den in § 3 BDSG gemachten Voraussetzungen geregelt. [1)]

Die Zulässigkeit der Speicherung von personenbezogenen Arbeitnehmerdaten ansich ist in der Literatur und der Rechtsprechung unstrittig. Unklar hingegen ist der Umfang der zulässigen Daten, die nach dem Kriterium Zweckzusammenhang mit dem Arbeitsverhältnis gespeichert werden dürfen. Diese Frage kann nicht generell beantwortet werden, da sie von dem Arbeitsverhältnis bzw. dessen expliziter Ausgestaltung abhängt. (Die Beschäftigung einer Aushilfsarbeitskraft erfordert andere Kenntnisse personenbezogener Daten - und somit auch deren Speicherung - als die Beschäftigung eines leitenden Angestellten.)

Da aus den gesetzlichen Regelungen kein eindeutiger Umfang der zulässigen Datenmenge abzuleiten ist, andererseits ein eindeutiger Regelungsbedarf besteht und diese Frage häufig zu Auseinandersetzungen der betrieblichen Sozialpartner führt, wird die Problematik zum Gegenstand von Betriebsvereinbarungen. [2)]

Die <u>Veränderung</u>, die § 2 Abs. 2 Nr. 3 BDSG als "(...) das inhaltliche Umgestalten gespeicherter Daten" definiert, unterliegt den gleichen Voraussetzungen und Bedingungen wie die Speicherung. Bzgl. personen-

---

1) Zu den in § 3 BDSG gemachten Voraussetzungen vgl. durchgängig HENTSCHEL/GLISS/WRONKA 1984
2) Vgl. hierzu die Ausführungen in Gliederungspunkt 3.3.

bezogener Arbeitnehmerdaten ist § 25 BDSG einschlägig.
Die <u>Übermittlung</u> personenbezogener Arbeitnehmerdaten aus PIS ist
nach § 24 i. V. m. § 3 BDSG zulässig, soweit sie "(...) im Rahmen
der Zweckbestimmung eines Vertragsverhältnis (...) erforderlich ist
und dadurch schutzwürdige Belange des Betroffenen nicht beeinträchtigt
sind."
Die <u>Löschung</u>, d. h. "(...) das Unkenntlichmachen gespeicherter Daten,
ungeachtet der dabei angewendeten Verfahren" (vgl. § 2 Abs. 2 Nr. 4
BDSG), von personenbezogenen Arbeitnehmerdaten aus PIS unterliegt
den Regelungen des § 27 Abs. 3 BDSG. [1)]

3.2.2. Datensicherung und edv-gestützte Personalinformationssysteme

Unter Datensicherung werden "(...) alle technischen und organisatorischen Maßnahmen zur Vermeidung von
- Fehlerhaftigkeit (hardware-, software- oder bedienungsmäßig verur-
  sachte Verarbeitungs- und Ablauffehler)
- Zerstörung, Verlust (durch Katastrophen, Diebstahl, Unachtsamkeit)
- Mißbrauch (unberechtigter Eingriff zum Lesen, Verändern, Eingeben
  und Löschen von Daten und Programmen)."
verstanden (vgl. MASCHMANN-SCHULZ 1982, S. 257).
Da ohne Datensicherung ein effektiver Datenschutz unmöglich ist, verpflichtet das BDSG die Anwender, d. h. alle mit der Datenverarbeitung
befaßte Personen und Stellen, die für die Ausführung der gesetzlichen Bestimmungen notwendigen technischen und organisatorischen
Maßnahmen zu treffen, soweit deren Aufwand in einem angemessenen
Verhältnis zum angestrebten Schutzzweck steht (Verhältnismäßigkeits-
grundsatz) (vgl. § 6 BDSG). Die Anlage zu § 6 BDSG konkretisiert die
genannten Maßnahmen und nennt folgende Gruppen:

---

1) Vgl. hierzu die Ausführungen in Gliederungspunkt 3.2.3.

1. Zugangskontrolle
2. Abgangskontrolle
3. Speicherkontrolle
4. Benutzerkontrolle
5. Zugriffskontrolle
6. Übermittlungskontrolle
7. Eingabekontrolle
8. Auftragskontrolle
9. Transportkontrolle
10. Organisationskontrolle

Auf die Vielzahl der möglichen technischen und organisatorischen Maßnahmen der Datensicherung kann hier nicht detaillierter eingegangen werden. 1)

3.2.3. Die Rechte der Arbeitnehmer auf der Grundlage des Bundesdatenschutzgesetzes

Gemäß § 4 BDSG (Rechte des Betroffenen) stehen dem Arbeitnehmer Auskunfts- (§ 26), Berichtigungs- (§ 27 Abs. 1), Sperrungs- (§ 27 Abs. 2) und Löschungsrechte (§ 27 Abs. 3) zu. Diese Rechte sind grundsätzlich auch auf PIS zu beziehen. Häufig befinden sich die Vorschriften des BDSG in Konkurrenz zu Normen des Betr.Verf.G., die inhaltlich verwandte Sachverhalte regeln, so daß der jeweilige Vorrang einer Vorschrift geprüft werden muß. Besondere Bedeutung erhält in diesem Zusammenhang die Subsidiaritätsklausel (§ 45 BDSG).
Dieser Sachverhalt soll an dem Beispiel des Auskunftsrechts des Arbeitnehmers nach § 26 i. V. m. § 4 BDSG und der konkurrierenden Vorschrift des Betr.Verf.G. (§ 83, Einsicht in die Personalakte) verdeutlicht werden. Nach WRONKA 1984 bewirkt der inzwischen in Literatur und Rechtsprechung anerkannte "materielle Personalaktenbegriff" (vgl. ausführlich HENTSCHEL/GLISS 1983, S. 61 ff.), daß die Einsichtsrechte des Arbeitnehmers nach § 83 Abs. 1 Betr.Verf.G. sich auf alle über ihn gemachten Aufzeichnungen beziehen, also die in einem PIS enthaltenen und gespeicherten Daten incl. des gesamten Kontexts, mit einbeziehen (vgl. WRONKA 1984, S. 197). Da die Subsidiarität des BDSG (nach § 45) ausschließlich unter der Voraussetzung der Deckungs-

---

1) Eine detaillierte Darstellung von Datensicherungsmaßnahmen findet sich bei KRAUS 1978, S. 83 ff, WRONKA 1984, S. 193 ff, HERGENHAHN 1979, S. 291 ff.

gleichheit der Vorschriften besteht, ist zu prüfen, ob dieser
Sachverhalt für die erwähnten Vorschriften zutrifft. Die Prüfung
führt zu einem negativen Ergebnis, da § 26 BDSG abweichende Regelungen beinhaltet (vgl. Abbildung 9, S. 55).
Als Ergebnis kann folgende Aussage formuliert werden. Das inhaltlich verwandte Einsichtsrecht des § 83 Betr.Verf.G. geht, soweit
seine Regelungen reichen, dem Auskunftsrecht nach § 26 BDSG vor.
Unbeschadet bestehen weiterreichende Rechte nach § 26 BDSG fort,
z. B. die Informationspflicht der speichernden Stelle, die in den
Vorschriften des Betr.Verf.G. nicht vorgesehen ist, das erweiterte
Auskunftsrecht bzgl. der Quellen der gespeicherten Informationen
bei Beurteilungs-, Krankendaten, etc., das erweiterte Auskunftsrecht über die regelmäßigen Informationsempfänger, etc. (vgl.
WRONKA 1984, S. 200). [1] Ähnliche Abwägungen sind z. B. zwischen
§ 27 Abs. 3 BDSG (LÖSCHUNG) und § 83 Abs. 2 Betr.Verf.G. (Hinzufügen
von Vermerken in der Personalakte) zu treffen.

3.2.4. Die Kontrolle des betrieblichen Datenschutzes

Das BDSG sieht für die Datenverarbeitung nicht-öffentlicher Stellen
für eigene Zwecke die Bestellung eines Beauftragten für den Datenschutz (§ 28 Abs. 1 BDSG) und die Überwachung durch die Aufsichtsbehörde (§ 30 Abs. 1 BDSG) zur Gewährleistung der Anwendung des
BDSG vor. Grundsätzlich wird dem Prinzip der Selbstkontrolle der
Vorrang gewährt, indem die Aufsichtsbehörde ausschließlich auf Anrufung des Beauftragten für den Datenschutz tätig werden kann. Die
Unternehmen, die personenbezogene Arbeitnehmerdaten mittels EDV
verarbeiten, werden verpflichtet, einen Beauftragten für den Datenschutz zu bestellen, der

---

1) Des weiteren siehe DOMSCH 1980, S. 50 ff, KROLL 1981, S. 194 ff,
   KILIAN 1982b, S. 145 ff, KRAUS 1978, S. 47 ff, FRANZ 1983, S. 49 ff,
   WEISE 1983, S. 69 ff und 81 ff.

Abb. 9: Wesentliche Unterschiede zwischen Auskunfts-/Einsichtsrecht nach BDSG und Betr.Verf.G.

	BDSG	BetrVG
SCHUTZBEREICH	personenbezogene Daten, die in Dateien verarbeitet werden (nicht: Akten, Presse; beschränkt: nicht automatisch verarbeitete Dateien (z. B. Karteien), die nur für interne Zwecke verwendet werden)	nur Personaldaten der in § 5 BetrVG definierten Arbeitnehmer (z. B. nicht: Daten über leitende Angestellte)
AUSKUNFTS-/ EINSICHTS- RECHT	§ 26 Abs. 2: Auskunft über alle zur betroffenen Person in Dateien gespeicherten Daten mit Ausnahme von: – Daten in Akten – Daten in manuell geführten Dateien, die nur intern verwendet werden – Daten, die einer Ausnahmeregelung nach § 26 Abs. 4 unterliegen	§ 83 Abs. 1: Einsicht in die Personalakte; der materielle Personalaktenbegriff schließt die automatisch verarbeiteten Personaldateien ein
AUSKUNFT ÜBER DIE REGEL- MÄSSIGEN EMPFÄNGER	ja; bei automatischer Verarbeitung der personenbezogenen Daten	nein
ABWEHRRECHTE DES BETROFFENEN	§ 27: Recht auf – Berichtigung – Sperrung – Löschung unter bestimmten Voraussetzungen; nicht: Hinzufügung von Erklärungen	§ 83 Abs. 2: Erklärung des Arbeitnehmers müssen auf sein Verlangen hinzugefügt werden; nicht explizit: Recht auf Berichtigung, Sperrung und Löschung
ENTGELT FÜR AUSKUNFT	kann verlangt werden (§ 26 Abs. 3)	nicht vorgesehen.
FORM DER AUSKUNFT	i. d. R. schriftlich (§ 26 Abs. 2)	i. d. R. durch Vorlage der Akten

Quelle: KRAUS 1978, S. 51

- fachkundig und zuverlässig (§ 28 Abs. 2 BDSG) ist,
- der Geschäftsleitung in einer Stabsstelle <u>direkt</u> unterstellt ist und in der Erfüllung seiner Aufgabe weisungsfrei ist, d. h. in keiner Weise Nachteile durch die Erfüllung seiner Aufgaben erleiden darf (§ 28 Abs. 3 BDSG) und
- die Geschäftsleitung bei der Erfüllung ihrer Aufgaben unterstützen muß (§ 28 Abs. 4 BDSG).

Seine Aufgaben ergeben sich aus § 29 Nr. 1 - 4 BDSG und können pauschal mit der Sicherstellung, der Einhaltung und Ausführung aller datenschutzrechtlichen Vorschriften beschrieben werden. Ein besonderes Schutzrecht, wie etwa das Kündigungsschutzrecht des Betriebsrates nach § 15 KSchG und § 103 Betr.Verf.G. wird zwar häufig gefordert, ist aber im BDSG nicht vorgesehen.
Aus der von KILIAN 1982b durchgeführten Erhebung lassen sich interessante Ergebnisse bzgl. des Beauftragten für den Datenschutz ableiten.

1. Die erste Generation von Beauftragten für den Datenschutz war fast ausschließlich aus den Reihen des Unternehmens bestellt worden, obwohl das Gesetz die Bestellung Externer ausdrücklich möglich macht.
2. Knapp 70 % der Befragten bestellten einen leitenden Angestellten zum Beauftragten für den Datenschutz und umgingen somit die Beteiligungsrechte des Betriebsrates bei der Bestellung (es verblieb nur das Informationsrecht nach § 105 Betr.Verf.G.).
3. Mehr als die Hälfte der Befragten (58 %) verfügen über einen nebenamtlichen Beauftragten für den Datenschutz, der die Aufgabe in Personalunion ausführte (vgl. KILIAN 1982b, S. 234).
4. Als primäres Aufgabenfeld wurde in 50 % der Fälle die Revisionsabteilung und in weiteren 40 % die Datenverarbeitungsabteilung genannt.

Die demzufolge häufig anzutreffende Kombination, daß der Beauftragte für den Datenschutz leitender Angestellter in der DV- oder Revisionsabteilung ist und seine Aufgabe nebenamtlich wahrnimmt, sollte im Grunde vermieden werden, da weder die Zusammenarbeit mit dem Betriebsrat - die für unerläßlich gehalten wird (vgl. KILIAN 1982b, S. 251) - noch die Wahrnehmung der Interessen aller Arbeitnehmer auf diese Weise sichergestellt werden kann.
Des weiteren sind massive Rollenkonflikte des Positionsinhabers zu erwarten.
So verwundert es nicht, daß von gewerkschaftlicher Seite das Prinzip der Selbstkontrolle scharfer Kritik ausgesetzt ist und durch ein

Modell des reinen staatlichen Datenschutz ersetzt werden soll
(vgl. JANZEN 1979, S. 7).

Die Unternehmen sind also aufgefordert, geeignete organisatorische
Regelungen zu treffen, die eine ordnungsgemäße Erfüllung der Aufgabe Datenschutz gewährleisten können und den Betriebsrat in einer
der Wichtigkeit der Aufgabe gemäßen Art und Weise beteiligen.

3.3. Chance oder Gefahr - Betriebsvereinbarungen und edv-gestützte Personalinformationssysteme

Gegenseitige Vereinbarungen zwischen den Sozialpartnern (Betriebsrat und Unternehmensleitung) werden als Betriebsvereinbarungen (BV)
bezeichnet (§ 77 Abs. 1 Betr.Verf.G.). Sie stellen das Parallelinstitut zu Tarifverträgen auf Betriebsebene dar und gelten nach
Abschluß unmittelbar und zwingend (§ 77 Abs. 4 Betr.Verf.G.). Gemäß
§ 77 Abs. 3 Betr.Verf.G. sind solche Vereinbarungen jederzeit möglich, es sei denn, sie beziehen sich auf "Arbeitsentgelte und sonstige Arbeitsbedingungen, die durch Tarifvertrag geregelt sind oder
üblicherweise geregelt werden, (...)" (vgl. HANAU/ADOMEIT 1981,
S. 106). [1]

Folgt man der Interpretation, daß Betriebsvereinbarungen vom Gesetzgeber als flexibles Instrument für gesetzlich nicht oder unvollständig geregelte Tatbestände ausdrücklich vorgesehen sind und PIS
im Betr.Verf.G. keine explizite Erwähnung finden, andererseits in
großer Zahl eingeführt (zumindest geplant) werden, so bestehen keine
Bedenken, die Planung, Einführung und den Betrieb zum Gegenstand
von Betriebsvereinbarungen zu machen (vgl. KILIAN 1982b, S. 227).
In diesem Sinne bieten BV einen Weg - ob den einzig möglichen, sei
dahingestellt - zur Bewältigung der bestehenden betrieblichen Konflikte der Sozialpartner.

---

1) Vom Betr.Verf.G. werden in den §§ 47 Abs. 4, 55 Abs. 4, 72 Abs. 4,
76 Abs. 1 und 4, 86 und 88 Betr.Verf.G. besondere Anwendungsgebiete
von BV beschrieben

Besondere Bedeutung kommt diesem Lösungsweg zu, da trotz zwischenzeitlich vorhandener höchstrichterlicher Rechtsprechung in Einzelfragen (vgl. das Urteil des BAG vom 14.9.1984 zur Mitbestimmung bei PIS); die Diskussion - und damit auch die Unsicherheit - bzgl. der mitbestimmungsrechtlichen Beurteilung von PIS besteht und erhalten bleiben wird. Grundsätzlich wird die Diskussion über BV im Spannungsfeld zwischen der Einschränkung der unternehmerischen Handlungsfreiheit und dem Abbau von möglichen innerbetrieblichen Konfliktpotentialen geführt.

Bevor ich auf die Position der Arbeitnehmer und ihrer Interessenvertretungen und die der Anwender eingehe, werde ich die grundlegenden Strukturen von BV über PIS darlegen.

3.3.1. Grundstrukturen von Betriebsvereinbarungen über edv-gestützte Personalinformationssysteme

Trotz der nicht bestehenden Vergleichbarkeit der implementierten PIS läßt sich nach SAMLAND 1984 "(...) gleichwohl eine gewisse Grundstruktur für den Aufbau von Betriebsvereinbarungen über die Einführung und den Einsatz von Personalinformationssystemen anhand der weitgehend bekannten Vereinbarungen aufzeigen." (SAMLAND 1984, S. 160).

Die Analyse der geschlossenen BV zeigt, daß folgende Regelungen typischerweise enthalten sind:

1. Eingangsbestimmungen über Systemgrundsätze, Geltungsbereich und Zuständigkeit (Vorweggenommenes Verhandlungsergebnis mit dem Charakter einer Präambel).
2. Systembeschreibung (Die technischen Voraussetzungen des PIS werden beschrieben).
3. Systemnutzung und Zweckbegrenzung (Es werden die Funktionen und Aufgaben incl. der Art und Weise der Aufgabenerfüllung des PIS beschrieben).
4. Regelung des Mitbestimmungsrechts des Betriebsrates (Allgemeine Ausführungen über Art und Umfang der Beteiligung und Verweis auf die Regelungen des Betr.Verf.G.).

5. Datenschutz (i. d. R. Verweis auf die Geltung des BDSG, selten weiterreichende Regelungen).
6. Datenprotokolle und Datenberichtigung (Regelungen über Art und Umfang der Informationsrechte der von der Speicherung personenbezogener Daten Betroffenen, sowie deren Rechte auf Richtigstellung von Daten).
7. Zugriffsberechtigung zum System (Abgestufte Festlegung des Personenkreises und der Art des Zugriffs (sehen, verändern, löschen), ergänzt durch eine Namensliste im Anhang der Vereinbarung).
8. Verzeichnis der gespeicherten Stammdaten und Schnittstellen (zentraler Regelungsbereich der BV, es wird festgelegt, welche Daten gespeichert werden (quantitativ und qualitativ) bzw. über welche Schnittstellen [1] externe Daten bezogen werden können und wie diese verarbeitet werden dürfen) [2].
9. Kontrollregeln (Vereinbarung über Art und Umfang der Überwachung des PIS und die Einhaltung der BV durch den Betriebsrat).
10. Schlußbestimmung, Inkrafttreten und Kündigung (Festlegung von Terminen und Fristen, sowie des Verhaltens nach Ablauf der Vereinbarung).

(vgl. SAMLAND 1984, S. 158 ff., ähnlich auch HENSS/MIKOS 1984, S. 93 ff., SCHMITZ 1984, S. 171 ff.)[3]

Grundsätzlich ist festzustellen, daß der oben aufgeführte Katalog von Regelungstatbeständen keinen normativen Charakter besitzen kann, da die vielfältigen Ausprägungen von PIS und die individuell verschiedene betriebliche Situation i. d. R. zu Schwerpunktbildungen

---

[1] auch interface. Übergangsstelle zwischen zwei Bereichen. Es gibt technische Schnittstellen (hardware-hardware), Schnittstellen zwischen gemeinsam arbeitenden Programmen (software-software) und Schnittstellen zwischen einzelnen Arbeitsbereichen der Datenverarbeitung (organisatorische Schnittstellen). (vgl. SCHULZE 1984, S. 324).

[2] vgl. auch Gliederungspunkt 3.3.2. und 3.3.3.

[3] Vgl. die im Anhang abgedruckte BV der Volkswagenwerk AG Wolfsburg

führt, d. h., der Katalog um die situativ erforderlichen Faktoren
erweitert bzw. gekürzt wird.
Neben den individuell vereinbarten BV entstanden in der Vergangenheit eine Vielzahl von Musterbetriebsvereinbarungen. Diese komplexen gewerkschaftlichen Entwürfe [1] sind nur aus der speziellen
Interessenlage der Gewerkschaften (vgl. 3.3.3. dieser Arbeit) verständlich. Folgt man der Untersuchung von KILIAN 1982b, besitzen
die Musterbetriebsvereinbarungen keine praktische Relevanz. Es ist
in der Literatur kein Fall bekannt, der eine solche Vereinbarung
zur Grundlage hat (vgl. KILIAN 1982b, S. 227, WRONKA 1983, S. 27,
WOHLGEMUTH 1982, S. 67).

3.3.2. Die Position der Anwender (Unternehmen) von edv-gestützten Personalinformationssystemen

Zieht man nochmals die Untersuchung von KILIAN 1982b heran, nach
der nur 27 % der Befragten eine auf PIS bezogene BV abgeschlossen
hatten bzw. abschließen wollten, so wird deutlich, daß kein besonderes Interesse seitens der Unternehmen besteht. Diese Tatsache
ist erklärungsbedürftig.
Einerseits sind die Anwender bestrebt, die Einschränkung ihrer
Handlungsfreiheit so gering wie irgend möglich zu gestalten. Es
wird argumentiert, daß nur so die Anpassung an technische Entwicklungen zu gewährleisten sei und eine zeitgemäße und kostengünstige
Personalarbeit realisiert werden könne. Andererseits ist die wachsende
Unsicherheit und das zunehmende Mißtrauen der Arbeitnehmer und ihrer
Vertretungen gegenüber der Verwendung edv-gestützter Verfahren im
Personalbereich unverkennbar. Wenn trotz oben beschriebener Situation
edv-gestützte Konzepte erfolgreich eingeführt werden sollen, bedarf
es der Reduzierung von Mißtrauen und Unsicherheit, da solche einschneidenden Änderungen nur mit den Arbeitnehmern, niemals aber

---

[1] Vgl. die im Anhang abgedruckte Musterbetriebsvereinbarung der
Gewerkschaft ÖTV

gegen ihren erklärten Willen realisiert werden können. Aus dieser Sicht ist die praktizierte Zurückhaltung bzgl. betrieblicher Vereinbarungen um so unverständlicher. Als Erklärung verbleibt eine nicht zu quantifizierende Sorge, Beteiligungsrechte begründende Vereinbarungen in einem mitbestimmungsrechtlich ungeklärten Bereich zu treffen.

Werden BV geschlossen, so stehen i. d. R. Art und Umfang der zu speichernden personenbezogenen Daten im Vordergrund. Den restriktiven Forderungen der Gewerkschaften und Betriebsräte wird häufig durch die Aufnahme sogenannter "Negativkataloge" Rechnung getragen. Es handelt sich um die Auflistung von personenbezogenen Daten und Auswertungsverfahren, die unter keinen Umständen gespeichert bzw. verarbeitet werden dürfen und in Bargainingprozessen gemeinsam festgelegt werden (vgl. SAMLAND 1984, S. 172, KOFFKA 1984, S. 108 ff.).

3.3.3. Die Position der Gewerkschaften und Betriebsräte

Die Situation des Betriebsrates bei der Einführung edv-gestützter Verfahren im Personalbereich ist einerseits gekennzeichnet durch den Zwang, in beiderseitigem Interesse zu praktikablen Lösungen zu gelangen, und andererseits mangels notwendiger Fachkunde und Sachverstand die neuen Technologien nur unzureichend beurteilen zu können (SAMLAND 1984, S. 156). Da die primäre Aufgabe des Betriebsrates in der Vertretung der Arbeitnehmerinteressen liegt (§ 2 Abs. 1 Betr.Verf. G.), besteht ein permanenter Rechtfertigungszwang gegenüber den Mitarbeitern. BV bieten somit für den Betriebsrat eine Möglichkeit, bestehende Unsicherheiten zu reduzieren, sich gegenüber den Arbeitnehmern zu rechtfertigen und die eigene Position abzusichern.

Die von den Gewerkschaften vertretene Position, wie sie etwa in dem Beschluß des 9. ÖTV-Gewerkschaftstages 1980 zum Ausdruck kommt, kann wie folgt zusammengefaßt werden: [1]

---

[1] Vgl. auch Entschluß 17 des 13. Gewerkschaftstages der IG-Metall 1980, Beschluß I 7 im Protokoll des 12. Bundeskongreß des DGB 1982. In der Literatur: HENSS/MIKOS 1983 durchgehend, ebenso KLOTZ/MEYER-DEGENHARDT 1984 und ÖTV 1983a

Ausgehend von anhaltender Kritik an der gültigen Fassung des
BDSG, d. h. präziser am Fehlen eines eigenständigen Arbeitnehmerdatenschutzes (vgl. WOHLGEMUTH 1982b, S. 62) lehnt der DGB und
seine Gewerkschaften die Einführung von PIS generell ab. Bestehende
Systeme sollen abgeschafft und die in ihnen enthaltenen Daten vernichtet werden (vgl. Beschluß 899 des 9. Gewerkschaftstages der
ÖTV 1980, abgedruckt in KILIAN 1982b, S. 329). Es wird argumentiert,
daß PIS das Informationsgleichgewicht zwischen Betriebsrat und
Unternehmensleitung zu gunsten letzterer verschieben und somit die
Funktion des Betr.Verf.G. nicht gewährleistet sei (vgl. WOHLGEMUTH
1982b, S. 65).
Die unrealistischen Forderungen wurden durch die Einschränkung auf
den dispositiven Teil der PIS relativiert (vgl. WOHLGEMUTH 1982b,
S. 62).
Da die Gewerkschaften zu der Einschätzung gelangt sind, daß PIS
auf Dauer nicht zu vermeiden sind (vgl. SAMLAND 1984, S. 167),
besteht ihr herausragendes Interesse bei Abschluß von BV in einer
möglichst restriktiven Abfassung. Bzgl. der zu speichernden personenbezogenen Daten konkretisiert sich diese Einstellung in der Forderung,
sogenannte "Positivkataloge" in die BV mit aufzunehmen. "Positivkataloge" beinhalten "(...) eine abschließende Erfassung und Festschreibung der zulässigen Daten und der Form ihrer Nutzung (..)"
(SAMLAND 1984, S. 171), also die Zementierung des status quo. Die
verfolgte Strategie ist zweigleisig. Zum einen wird versucht, BV zu
Einzelverfahren (Zutrittskontrolle, Maschinelle Zeiterfassung, etc.)
abzuschließen und diese andererseits durch Vereinbarungen zur Einführung und Erweiterung von EDV-Systemen zu vervollständigen (vgl.
ÖTV 1983b, S. 3 ff.).
Wie aus den bisher gemachten Ausführungen deutlich wird, besteht
bzgl. der Einführung von PIS Uneinigkeit, die ein hohes Konfliktpotential in sich birgt. Wie ein derartiger Konflikt institutionalisiert werden kann - i. d. R. aber nicht beigelegt wird - ist der
Abbildung 10, S. 63, zu entnehmen.
Erscheinen auch die Positionen der betrieblichen Sozialpartner
unvereinbar, so bilden m. E. BV den einzig praktikablen Weg der

Abb. 10: Schematischer Konfliktverlauf zwischen Arbeitgeber und Betriebsrat

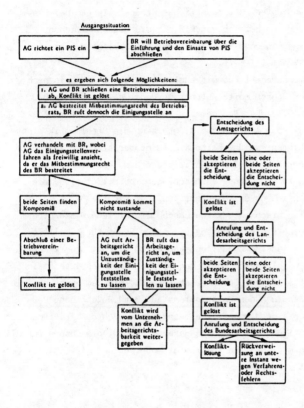

Quelle: WIMMER 1985, S. 247

Konfliktlösung. Dem vorschnellen Ruf nach neuen und erweiterten Rechtsvorschriften sollte mit angemessener Vorsicht und der notwendigen Differenziertheit begegnet werden.

3.4. Zusammenfassung

Die seit der Mitte der siebziger Jahre geführte Diskussion mitbestimmungs- und datenschutzrechtlicher Fragestellungen bei Planung, Einführung und Betrieb von PIS hat die gegensätzlichen, unvereinbar erscheinenden Positionen der betrieblichen Sozialpartner herauskristallisiert.
Die mitbestimmungsrechtliche Diskussion wird allem Anschein nach in den nächsten Jahren weitergeführt werden. Das Urteil des BAG in Kassel vom 15.9.1984, das dem Betriebsrat ein Mitbestimmungsrecht nach § 87 Abs. 1 Nr. 6 zubilligt, kann die Problematik nicht abschließend klären, so daß weitere Auseinandersetzungen in Detailfragen zu erwarten sind. Die Modifizierung bzw. Erweiterung des Betr.Verf.G. wird als Lösung vorgeschlagen, beseitigt m. E. die grundlegenden Meinungsverschiedenheiten aber nicht.
Ebenso verfahren erscheint die datenschutzrechtliche Diskussion, deren Kernbereich die Auseinandersetzung um Quantität, Qualität der Daten und zulässige Auswertungsverfahren bildet. Gewerkschafts- und unternehmenspolitische Positionen lassen datenschutzrechtliche Lösungen nicht erwarten. Somit erscheinen BV, die dem Spannungsfeld zwischen dem Anspruch des Unternehmens auf Berücksichtigung der unternehmerischen Handlungsfreiheit und dem Wunsch der Arbeitnehmer auf Berücksichtigung ihrer Ängste gerecht werden, als Chance für PIS endlich zu einem sinnvollen Instrument moderner und wirtschaftlicher Personalarbeit zu werden.

DIE PERSONALPLANUNG UND IHRE GESTALTUNG UNTER ZUHILFENAHME EDV-GESTÜTZTER PERSONALINFORMATIONSSYSTEME

Bevor ich ein Gesamtkonzept edv-gestützter Personalplanung und dessen Konkretisierung am Beispiel der Personalentwicklungsplanung vorstelle, werde ich einen Überblick über die manuelle, also nicht edv-gestützte Personalplanung geben.

4.1. Die betriebliche Personalplanung

Wenn Planung die gedankliche Vorwegnahme zukünftigen Handelns durch Abwägung verschiedener Handlungsalternativen und Entscheidung für den günstigsten Weg ist (vgl. WÖHE 1978, S. 129), dann kann Personalplanung analog dem oben gesagten, als zielorientierte, zukünftige Gestaltung des personellen Bereiches eines Unternehmens definiert werden (vgl. KADOR 1983, S. 245). Demzufolge umfaßt sie alle Teilbereiche, die mit dem Einsatz menschlicher Arbeitskräfte befaßt sind (vgl. BISANI 1982, Schaubild 9). [1]

In ihrer allgemeinsten Form kann die primäre Aufgabe der Personalplanung als die Bereitstellung von Mitarbeitern
- in der erforderlichen Anzahl (Quantität)
- mit der erforderlichen Qualifikation (Qualität)
- zum richtigen Zeitpunkt und
- am richtigen Ort

beschrieben werden (vgl. für viele andere KADOR 1983, S. 245, ASCHOFF/KELLERMANN 1978, S. 223, WIMMER 1985, S. 11).

---

[1] In der Literatur ist eine Vielzahl unterschiedlicher Definitionen der Personalplanung vorzufinden. Im wesentlichen unterscheiden sie sich in der Reichweite. Vgl. zur Begriffsdiskussion GAUGLER 1974, S. 6 ff und WIMMER 1985, S. 11.

Nach den klassischen Annahmen der Betriebswirtschaftslehre müssen für jegliche Art der Planung Ziele vorhanden sein (kritisch hierzu STAEHLE 1980, S. 156), die für die Personalplanung aus den Unternehmenszielen und den gegebenen wirtschaftlichen, sozialen und gesellschaftlichen Rahmenbedingungen abgeleitet werden (vgl. BISANI 1982, Schaubild 9). Für die Personalplanung besitzen die Empfehlungen der Sozialpolitischen Gesprächsrunde des BuMi für Arbeit und Sozialordnung vom 7.7.1971 den Charakter von Zielen. Zusammengefaßt lassen sie sich wie folgt darstellen:

1. Interessenausgleich zwischen Arbeitnehmern und Unternehmen durch die Maßnahmen der Personalplanung
2. Integration der Personalplanung in die Unternehmensplanung
3. Verknüpfung von Personal- und Entwicklungsplanung
4. Die Personalplanung soll positiven Einfluß auf die Gestaltung menschengerechter Arbeitsplätze nehmen.

(vgl. BISANI 1983a, S. 96).

Aus der Interessenlage der Unternehmen [1] soll die Personalplanung, in Ergänzung zu oben beschriebener Generalaufgabe, folgende Teilaufgaben erfüllen:
- Gewährleistung des anforderungs- und eignungsgerechten Personaleinsatzes
- Verbesserung des Qualifikationsniveaus der Mitarbeiter
- Vermeidung von Personalbeschaffungskosten durch Stellenbesetzung aus den eigenen Reihen
- Motivation der Mitarbeiter und
- Gewährleistung der Überschaubarkeit der Personalkostenentwicklung

(vgl. WIMMER 1985, S. 13). Demzufolge bietet die Personalplanung die Chance
- Abläufe und Entscheidungen im personellen Bereich transparenter zu machen,
- soziale Härten, die durch unvermeidliche personelle Maßnahmen ent-

---

[1] Die Interessenlage der Arbeitnehmer und anderer gesellschaftlicher Gruppen wird in dieser Arbeit nicht explizit betrachtet.

stehen, zu mildern oder auszugleichen,
- die Entwicklung eines Unternehmens im Bereich Personalwesen zu verstetigen und
- ein Instrument rationaler Konfliktlösung zwischen Unternehmensleitung und Betriebsrat zu sein

(vgl. KADOR 1983, S. 246).

Die beschriebene Aufgabenstellung läßt ersichtlich werden, daß die Personalplanung nicht als isolierte Aktivität im Rahmen des betrieblichen Planungsgeschehens betrachtet werden kann und darf, sondern vielmehr ein integrierter Bestandteil der Unternehmensplanung sein muß (vgl. DOMSCH 1980, S. 100, KADOR/PORNSCHLEGEL 1977, S. 15, BISANI 1983a, S. 99). Aus der Tabelle 4 ist die Einordnung und Verzahnung der Personalplanung mit den Bereichen der Unternehmensplanung zu ersehen.

Tab. 4: Einordnung der Personalplanung in die Unternehmensplanung

Planungsbereich	direkte Beziehung zu anderen Bereichen
Absatz	Produktion, Investition, Personal, Finanzierung
Produktion	Absatz, Personal, Beschaffung
Personal	Absatz, Produktion, Investition
Beschaffung	Absatz, Produktion, Finanzierung
Investition	Absatz, Personal, Finanzierung
Finanzierung	Absatz, Investition
Kosten	Produktion, Personal, Beschaffung, Investition

Quelle: KADOR/PORNSCHLEGEL 1977, S. 15

Des weiteren wird in der Literatur zunehmend die Einbeziehung der Personalplanung in das simultane Planungsgeschehen gefordert (vgl. KADOR/PORNSCHLEGEL 1977, S. 15, WIMMER 1985, S. 16).

Ehe ich die Teilbereiche der Personalplanung darstelle, sei auf
die nach den Kriterien
- Zeit (kurz-, mittel- und langfristig)
- Zugehörigkeit zu einer bestimmten Gruppe (Vertrieb, Absatz oder
  Werk 1, Werk 2, etc.)
- Zugehörigkeit zu einem bestimmten Rang (Hierarchieebenen oder
  operatives Personal, Führungskräfte, etc.)
vorgenommene Differenzierung der Personalplanungsaktivitäten
hingewiesen (vgl. Abbildung 11).

Abb. 11: Übersicht über die Personalplanung

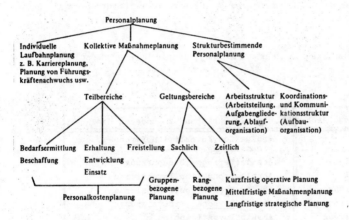

Quelle: BISANI 1983a, S. 98

4.1.1. Die Teilbereiche der Personalplanung

In Analogie zu der funktionsorientierten Gliederung des Personalwesens (vgl. Gliederungspunkt 2.1.3.) wird die Personalplanung in
die Teilbereiche

- Personal<u>bedarfs</u>planung
- Personal<u>beschaffungs</u>- und <u>Abbau</u>planung
- Personal<u>einsatz</u>planung
- Personal<u>entwicklungs</u>planung (incl. -erhaltungsplanung)
- Personal<u>kosten</u>planung

unterteilt (vgl. für viele andere NÜSSGENS 1975, S 87, WIESNER 1980, S. 263, KADOR 1983, S. 246, WIMMER 1985, S. 17). (Vgl. auch Abbildung 12).

Abb. 12: Die Personalplanung und ihre Teilbereiche

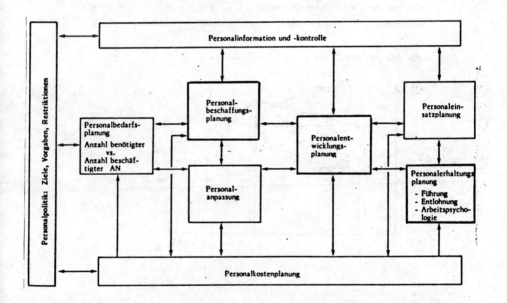

Quelle: WIMMER 1985, S. 17

Die Aufgaben der Teilbereiche der Personalplanung werden im folgenden kurz dargestellt. [1]

---

1) Zur Vertiefung siehe den Literaturhinweis am Ende des Gliederungspunktes 4.1.1.

Aufgabe der <u>Personalbedarfsplanung</u> ist die Ermittlung des gegenwärtigen und zukünftigen Personal-Sollbestandes, der zur Erreichung der Unternehmensziele notwendig ist und quantitativ, qualitativ sowie temporal differenziert wird (vgl. BERTHEL 1979, S. 110). Die Planung des Personalbedarfs bildet einerseits den Ausgangspunkt jeglicher Personalplanungsaktivitäten und andererseits die "Nahtstelle" zu der Unternehmensplanung.

Der ermittelte Sollbestand wird als Bruttopersonalbedarf bezeichnet. Reduziert man diese Größe um den Istpersonalbestand und die vorhersehbaren Abgänge (Fluktuationsrate, Pensionierungen, etc.) erhält man den Nettopersonalbedarf, also die Menge der zu beschaffenden bzw. freizusetzenden Mitarbeiter. (Vgl. Abbildung 13).

Abb. 13: Personalbedarf im Zeitablauf

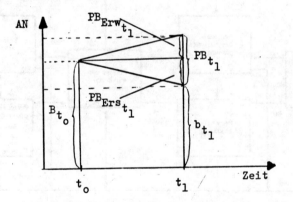

Quelle: Vom Verfasser erstellt

B_{t_0} : Bestand an Arbeitnehmern in t_0

b_{t_1} : Restbestand an Arbeitnehmern in t_1

PB_{ers}: Ersatzbedarf

PB_{Erw}: Erweiterungsbedarf

PB_{t_1} : Nettopersonalbedarf

$PB_{t_1} + b_{t_1}$: Bruttopersonalbedarf in t_1

Der Bruttopersonalbedarf wird demzufolge in Einsatz- und Reservebedarf und der Nettopersonalbedarf in Ersatz-, Erweiterungs- und Freistellungsbedarf unterteilt.

Versteht man die Personalbedarfsplanung als Prozeß, so beinhaltet sie die Ermittlung des Bruttobedarfs, die Ermittlung des aktuellen Istbestandes und deren Abgleich in Form eines Soll-Ist-Vergleiches. Als Ergebnis ergibt sich der Nettobedarf, dessen konkrete Ausprägung (Über-Unterdeckung) die Personalbeschaffung bzw. Freisetzung auslöst.

Aufgabe der <u>Personalbeschaffungs- bzw. Abbauplanung</u> ist es, die festgestellte Über/Unterdeckung in qualitativer, quantitativer und temporaler Hinsicht zu beseitigen (vgl. NÜSSGENS 1975, S. 117). Hierfür steht der interne und externe Arbeitsmarkt alternativ zur Verfügung (vgl. Abbildung 14, S. 72).

Der Prozeß der Personalbeschaffungsplanung umfaßt die Phasen Analyse des externen und internen Arbeitsmarktes (2) und Entscheidung für eine Alternative unter Berücksichtigungen aller Nebenbedingungen (z. B. innerbetriebliche Stellenausschreibung nach § 93 Betr.Verf.G.) (2). Im Anschluß müssen die Beschaffungsmethode (3) und die Auswahlkriterien (4) festgelegt werden. Abschließend muß zwischen potentiellen Kandidaten eine Auswahl getroffen werden (5). Bei festgestellter Überdeckung ist im wesentlichen die Wahl über die Methode des Personalabbaus (Versetzung, Entlassung, Einstellungsstop, etc.) zu treffen.

Abb. 14: Methoden der Personalbeschaffung

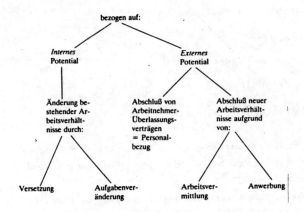

Quelle: BERTHEL 1979, S. 125

Aufgabe der <u>Personaleinsatzplanung</u> ist es, die verfügbaren personellen Kapazitäten optimal in den betrieblichen Leistungserstellungsprozeß einzugliedern, und zwar in quantitativer, qualitativer und temporaler Hinsicht (vgl. NÜSSGENS 1975, S. 151). Bei der Optimierung des Personaleinsatzes muß die ökonomische (Interessen der Unternehmensleitung) und soziale (Interessen der Arbeitnehmer) Dimension als Nebenbedingungen berücksichtigt werden. Betrachtet man die Personaleinsatzplanung als Prozeß, so durchläuft sie folgende Phasen:

Ermittlung des aktuellen Ist-Personalbestandes (1), Ermittlung der zu besetzenden Stellen (2) und Zuordnung von Arbeitnehmern auf bestimmte Stellen (3) (Personalassignment-Problem).

Die zu besetzenden Stellen sind hinsichtlich des notwendigen Fachkönnens, der entstehenden Belastung, der zu übernehmenden Verantwortung und Arbeitsbedingungen zu differenzieren (Genfer Schema).[1]

---

[1] Es sind in der Literatur unterschiedliche Systeme zur Bewertung von Arbeitsplätzen vorgestellt worden. Vgl. z. B. ELIAS/GOTTSCHALK/ STAEHLE 1984 und KARG/STAEHLE 1982, ZANDER/KNEBEL 1978

Analog sollten die zuzuordnenden Mitarbeiter nach Fähigkeiten, Fertigkeiten, Können, Belastbarkeit, etc. differenziert werden.[1] Durch diese Art des Vorgehens entstehen Anforderungs- und Eignungsprofile, deren Abgleich und die Entscheidung für eine Alternative zu einem (optimalen?) Stellenbesetzungsplan führt.

Die Aufgabe der Personalentwicklungsplanung ist das Erkennen von Qualifikationsdefiziten der Mitarbeiter bzgl. der bestehenden und/ oder zukünftigen Anforderungen und deren zielgerichtete Beseitigung durch Planung entsprechender Aus-, Fort- und Weiterbildungsmaßnahmen (vgl. BERTHEL 1979, S. 153). Grundsätzlich ist zwischen Anpassungs- (Qualifikation ist geringer als die Anforderungen) und Aufstiegsfortbildung (i. S. von Karriereplanung), Umschulung und allgemeiner Weiterbildung zu differenzieren. Des weiteren bezieht sich die Personalentwicklungsplanung auf alle Mitarbeiter und nicht nur auf Führungskräfte. Betrachtet man die Personalentwicklungsplanung als Prozeß, so durchläuft sie folgende Phasen: Analyse der Ist-Qualifikationen der Mitarbeiter (1), Analyse der jetzigen bzw. zukünftigen Anforderungen (2), Vergleich von Anforderungs- und Qualifikationsprofil (3). Feststellen von Über- bzw. Unterqualifikation löst Maßnahmen der Anpassung (z. B. Versetzung, Erweiterung des Arbeitsinhaltes bzw. Fortbildungsmaßnahmen wie Seminare etc.) aus (4). Das angestrebte Ziel ist in jedem Fall, die Deckungsgleichheit von Anforderung und Qualifikation zu erreichen.

Die Aufgabe der Personalkostenplanung besteht in der Erfassung der zukünftigen Personalkosten incl. der Personalnebenkosten. Ihr hoher Anteil an den Gesamtkosten läßt der Planung in diesem Bereich immer stärkere Bedeutung zukommen. I. d. R. ist die Personalkostenplanung dem Finanzressort zugeordnet, so daß die dort vorgenommene Budgetierung den Charakter einer Restriktion für den Personalbereich hat.

---

[1] Zur Ermittlung personeller Eigenschaften vgl. v. ROSENSTIEL 1979, BRANDSTÄTTER 1979, NEUBERGER 1979 und zur Ermittlung von Anforderungsmerkmalen STOß 1979

Die Teilbereiche der Personalplanung werden in einen - beispielhaft in Abbildung 15 dargestellten - Rahmenablaufplan integriert (Personalplanung als Prozeß). [1]

Abb. 15: Die Personalplanung als Prozeß

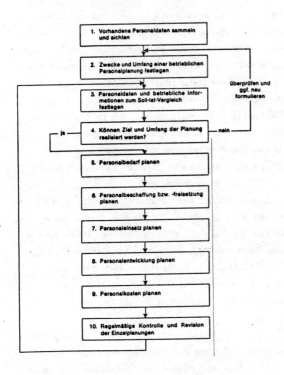

Quelle: KADOR/PORNSCHLEGEL 1977, S. 48

---

1) Vgl. zur Vertiefung der Personalplanung und ihrer Teilbereiche GAUGLER 1974, NÜSSGENS 1975, S. 83 ff, KADOR/PORNSCHLEGEL 1977, BERTHEL 1979, S. 89 ff, SADOWSKI 1981, S. 89 ff, BISANI 1983a, S. 95 ff, KADOR 1983, S. 245 ff, DRUMM/SCHOLZ 1983, S. 5 ff, WIMMER 1985, REMER 1978, S. 243 ff, WEBER 1975, S. 5 ff, EMRICH-OLTMANNS 1978, durchgehend

4.1.2. Die Voraussetzungen für die Personalplanung

1. Die Unternehmensleitung muß die Personalplanung wollen. Die enge Verzahnung mit den Bereichen der Unternehmensplanung läßt eine eigenständige, von anderen Planungsaktivitäten losgelöste Personalplanung unmöglich erscheinen.
2. Die Existenz eines funktionsfähigen Personalressorts und dessen organisatorische Eingliederung nahe der Unternehmensleitung stellen eine notwendige Bedingung dar.
3. Für die Personalplanung muß ein Mindestdatengerüst vorhanden sein (vgl. Tabelle 5).

Tab. 5: Mindest-Datengerüst einer Personalplanung

marktbezogene Daten	- Umsatzentwicklung - Marktanteilsquoten - Informationen über Marktstellung der Konkurrenz
produktionsbezogene Daten	- Kennziffern zum Verhältnis Personaleinsatz/Ausbringung - Personalkostenanteil am Umsatz
stellenbezogene Daten	- Übersicht über vorhandene Stellen nach - Anzahl - Anforderungen - organisatorischen Einheiten
personenbezogene Daten	- Personalstand an bestimmten Stichtagen - Personalbewegung (Zugänge, Abgänge, Fluktuationsquote) - Altersstruktur (Lebensalter, Dienstjahre) - Quoten bestimmter Mitarbeitergruppen (Arbeiter/Angestellte, Männer/Frauen, Facharbeiter/Ungelernte, Deutsche/Ausländer usw.) - Krankenstandsquote
entgeltbezogene Daten	- Durchschnittslohn/-gehalt - tarifliches/übertarifliches Entgelt nach - Lohn-/Gehaltsgruppen - Tätigkeitsgruppen - organisatorischen Einheiten - Sozialkosten

Quelle: KADOR 1983, S. 252

4. Stellenpläne, Anforderungsprofile und Qualifikationsprofile müssen - ausreichend differenziert - vorhanden sein.
5. Ein Personalplanungskonzept sollte sukzessiv entwickelt und eingeführt werden und als offenes System gestaltet werden.

4.2. Ein edv-gestütztes Gesamtkonzept der Personalplanung

Anknüpfend an die dargestellten Teilplanungsaktivitäten soll deren Integration in ein Gesamtkonzept der edv-gestützten Personalplanung entwickelt werden. Dazu ist die Entwicklung eines edv-geeigneten Bezugsrahmens notwendig.

4.2.1. Der Bezugsrahmen für ein edv-gestütztes Personalplanungskonzept

Ein Bezugsrahmen, der den Anforderungen eines edv-gestützten Personalplanungskonzepts genügen soll, muß folgende Bedingungen erfüllen:
1. Das interdependente Verhältnis der Teilbereiche der Personalplanung muß Berücksichtigung finden (interne Schnittstellen).
2. Die Interdependenzen der Personalplanung im Rahmen der gesamten Unternehmensplanung müssen Berücksichtigung finden (externe Schnittstellen).
3. Die Personalplanung muß als Prozeß erfaßt werden.

Die oben genannten Bedingungen werden von dem in Abbildung 16, S. 77, entwickelten Grundmodell der Personalplanung und ihrer Teilbereiche erfüllt.

Zur Verdeutlichung bzw. Differenzierung des Grundmodells vgl. die in Abbildung 17, S. 78 (Teilbereich Personalbedarfs- und Beschaffungsplanung) und Abbildung 18, S. 79 (Teilbereiche Personalentwicklung- und Einsatzplanung) exemplarisch wiedergegebenen Informationsprozesse. Die Phasen Informationsgewinnung (I), Informationsverarbeitung und -verwaltung (II) und Informationsauswertung (III) beschreiben innerhalb des Bezugsrahmens des **Informationsprozesses** umfassend.

Abb. 16: Das Grundmodell eines Bezugsrahmens für die Personalplanung

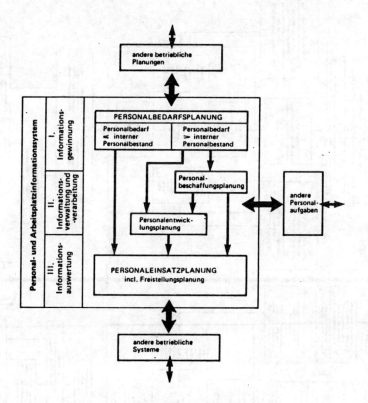

Quelle: DOMSCH 1980, S. 110

Abb. 17: Personalbedarfs- und Beschaffungsplanung mittels eines PIS

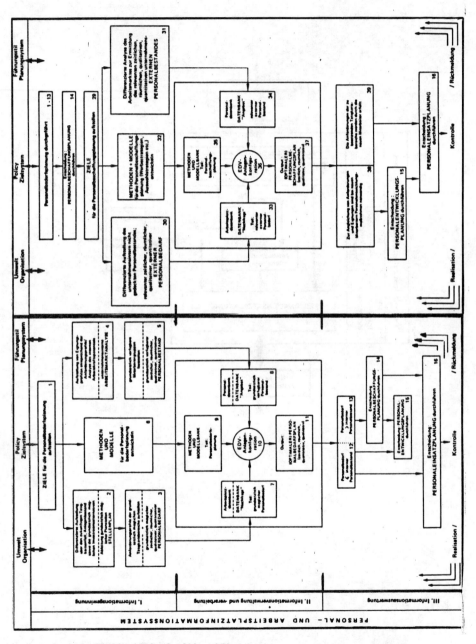

Quelle: DOMSCH 1980, S. 111 - 112

- 79 -

Abb. 18: Personalentwicklungs- und Einsatzplanung mittels eines PIS

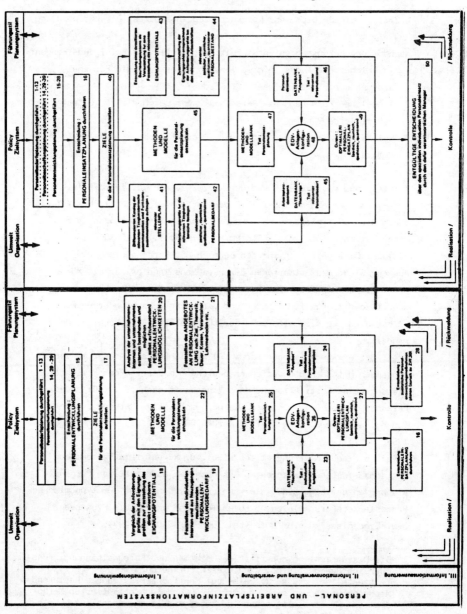

Quelle: DOMSCH 1980, S. 113 - 114

4.2.2. Die Bereiche und Formen der edv-gestützten Personalplanung

Nachdem der Bezugsrahmen entwickelt ist, stellen sich folgende Fragen:
1. In welcher Phase des Informationsprozesses kann die Personalplanung durch die EDV gestützt werden?
2. In welcher Form kann die Personalplanung durch die EDV unterstützt werden?
3. Welche Voraussetzungen bzgl. der Informationsbasis müssen vorliegen?

Trivial, und aus diesem Grund nur kurz zu erwähnen, ist die Tatsache, daß nur ein geringer Teil der personalwirtschaftlichen Aufgaben algorithmisierbar - also durch quantitative Methoden zu unterstützen - ist (vgl. HEINRICH/PILS 1983, S. 59, DOMSCH 1980, S. 108). Dies gilt auch für den Bereich der Personalplanung.
Aus der Sicht des entworfenen Bezugsrahmens kann primär die Phase der Informationsverarbeitung und -verwaltung durch die EDV unterstützt werden, soweit Methoden und Verfahren bekannt oder entwickelbar sind, es sich also um algorithmisierbare Aufgabenbereiche handelt.
Bzgl. der edv-technischen (hardware) Möglichkeiten und der zu verwendenden Methoden und Verfahren bestehen im Bereich der Personalplanung keine Restriktionen, denn "insgesamt steht (..) für jedes Personalplanungsfeld mindestens eine quantitative Methode zur Verfügung, auf die zurückgegriffen werden könnte, (...)" (DRUMM/SCHOLZ 1983, S. 23).
Fraglich hingegen erscheint, ob die i. d. R. auf rein ökonomische Einfachzielsetzung basierenden Methoden der quantitativen Personalplanung in der Lage sind, die komplexen - eben nicht nur ökonomischen - Prozesse der Personalplanung abzubilden und akzeptable Prognosen bzw. Ergebnisse zu erbringen (vgl. DOMSCH 1980, S. 109). [1]

---

1) Die Diskussion, ob quantitative Methoden der Personalplanung grundsätzlich geeignet sind, kann hier nicht geführt werden. Es ist festzustellen, daß z. Z. keine auf Mehrfachzielsetzungen basierenden Methoden vorhanden sind, so daß die ökonomisch orientierten Methoden - so Personalplanung edv-gestützt betrieben werden soll - eingesetzt werden müssen.

Auf eine Darstellung der Methoden der quantitativen Personalplanung wird aufgrund der ausführlichen Literatur verzichtet (vgl. hierzu ASCHOFF/KELLERMANN 1978, S. 222 ff, DOMSCH 1978, S. 345 ff, KOSSBIEL 1978,S. 361 ff, DRUMM/SCHOLZ 1983, S. 23 ff, WIMMER 1985,S. 18 ff).

Folgende allgemeine Aussagen zu der Form der Unterstützung der Personalplanung durch die EDV können getroffen werden:

1. Je nach Ausbaustand können PIS die Personalplanung prinzipiell auf dem Niveau
   - prozeßabbildender Berichtssysteme,
   - Ausnahmeberichtssysteme (auf der Grundlage des management by exeption) und
   - verschieden stark ausgeprägter Entscheidungssysteme

   unterstützen. Reine Berichtssysteme einerseits und vollautomatisierte Entscheidungssysteme andererseits bilden die Endpunkte eines Kontinuums.

2. Nach Verarbeitungsarten kommen
   - Transformation (die Veränderung von Datensätzen),
   - Selektion (die Suche von Datensätzen nach vorgegebenen, frei definierbaren Kriterien) und
   - Verknüpfung (der Vergleich oder die Kombination beliebiger Datensätze)

   in Betracht. Als Mindestanforderung für dispositiv genutzte PIS ist die Datensatz-Selektion zu normieren (vgl. DRUMM/SCHOLZ 1983, S. 77).

3. Die Profilmethode, die die aus der Arbeitsplatzanalyse gewonnenen Anforderungsprofile und die aus der Eignungsanalyse gewonnenen Fähigkeitsprofile enthält, bildet die Grundlage der edv-gestützten Personalplanung bzw. aller personalplanerischen Dispositionen (vgl. MASCHMANN-SCHULZ 1982, S. 115).

---

1) Aufgrund der speziellen Zielsetzung und Situation des Personalwesens müssen vollautomatisierte Entscheidungssysteme abgelehnt werden. Sie entsprechen in keiner Weise dem geforderten instrumentellen Charakter von PIS.

Damit ist ein Problem der Informationsbasis bzw. der Informationsgewinnung angesprochen. Hier sei nur soweit Stellung genommen, als das festgestellt wird, daß der Output (Pläne) immer nur die Qualität des Dateninputs (Inhalt der Personal- und Arbeitsplatzdatenbank) erreichen kann. Sieht man von einigen formalen (Standardisierung, Formalisierung, Vergleichbarkeit, etc.) und organisatorischen (Existenz einer analytischen Arbeitsbewertung und eines Beurteilungssystems) Voraussetzungen ab, so unterliegt der Informationsgewinnungsprozeß einer edv-gestützten Personalplanung hinsichtlich der Qualität der Datenbasis den gleichen Anforderungen wie manuelle Personalplanungsverfahren.[1]

4.2.3. Die Integration der edv-gestützten Teilplanungsaktivitäten in ein Gesamtkonzept

Die für die Teilbereiche der Personalplanung nach Maßgabe der verwendeten Methoden und Verfahren (diese beinhalten implizit die gewünschten Zielsetzungen) edv-gestützt erstellten Teilpläne müssen in einen Gesamtplan (master plan) integriert werden. Aufgrund des oben betonten Instrumentencharakters von PIS müssen vor der Verabschiedung des master plans alle nicht im Modell implizit vorhandenen Ziele (sozialer, rechtlicher, etc. Art) Eingang finden. Der so gewogene und bewertete Plan muß sodann durch die Verantwortlichen (Unternehmensleitung) verabschiedet, durchgeführt und kontrolliert werden. (Vgl. Abbildung 19, S. 83). Des weiteren ist das PIS zu aktualisieren, d. h. die vorgenommenen Änderungen müssen an das System rückgemeldet werden.

---

[1] Bzgl. der Informationsgewinnung für die Erstellung von Anforderungs- und Fähigkeitsprofilen zur Verwendung in PIS vgl. DOMSCH 1980, S. 131 ff, MASCHMANN-SCHULZ 1982, S. 114 ff

Abb. 19: Ein Gesamtkonzept der edv-gestützten Personalplanung

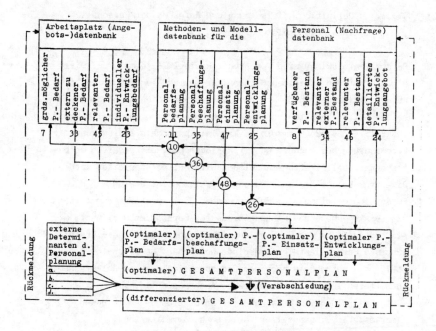

Quelle: Nach DOMSCH 1980, S. 115, modifiziert durch den Verfasser
(Die Ordnungszahlen in der Abbildung beziehen sich auf
die Abbildungen 17 und 18, S. 78/79)

4.3. Der Einsatz edv-gestützter Personalinformationssysteme
am Beispiel der Personalentwicklungsplanung

Nachfolgend wird ein vom Arbeitskreis "Anwendung der EDV im Personalwesen" (Team II) der DGFP (Deutsche Gesellschaft für Personalführung) 1976 entwickeltes Konzept der Personalentwicklungsplanung vorgestellt. Als Grundlage dient dem Modell das - in 4.2.2. verwendete - Phasenkonzept von Informationsprozessen (Informationsgewinnung, -verarbeitung und -auswertung).

4.3.1. Definition, Zielsetzung und Aufgaben der Personalentwicklungsplanung

Personalentwicklung wird vom Arbeitskreis 1976 formal "definiert als die auf den einzelnen Mitarbeiter gerichteten Maßnahmen, die seiner individuellen beruflichen Entwicklung dienen und damit seinen -(...) - optimalen Einsatz im Unternehmen zum Ziel haben." (DGFP 1976, S. 82). Demzufolge kann als pauschale Zielsetzung die Verbesserung bestehender Qualifikationen bzw. die Beseitigung bestehender Qualifikationsmängel der Mitarbeiter abgeleitet werden. Die dargestellte Zielsetzung und Definition ist analog auf die Personalentwicklungsplanung anzuwenden, interpretiert man diese als (erste) Phase des Führungsprozesses Personalentwicklung. Als Hauptaufgabe der Personalentwicklungsplanung ist die Erstellung des Personalentwicklungsplans anzusehen. Es erscheint zweckmäßig, die Aufgaben - nach dem Ordnungsprinzip eines Ablaufschemas - zu differenzieren. Insbesondere zu nennen sind:

- Die Erstellung von Katalogen der Anforderungs- und Eignungsmerkmale i. S. genereller Festlegung von Kriterien,
- die Erstellung von Anforderungsprofilen je Arbeitsplatz durch geeignete Verfahren (z. B. analytische Arbeitsbewertung) [1],
- Erstellung von Eignungsprofilen je Mitarbeiter (z. B. durch ein qualifiziertes System der Mitarbeiterbeurteilung) [1],
- die Beurteilung der Förderungsfähigkeit jedes Mitarbeiters i. S. der Auswahl der zu fördernden Mitarbeiter nach definierten Kriterien und/oder der Festlegung des individuellen Bildungsbedarfs,
- der Abgleich von Eignungs- und Anforderungsprofilen in Form eines Soll-Ist-Vergleichs (als Ergebnis werden die entsprechenden Abweichungen erfaßt),

---

[1] Die Profile dürfen nicht nur den status quo messen, vielmehr sind zukünftige Anforderungen bzw. zukünftig erforderliche Qualifikationen unter Berücksichtigung in- und externer Determinanten zu erstellen (flexible Anforderungs- und Eignungsprofile)

- die Erstellung der individuellen Entwicklungspläne und deren
  Integration in einen Gesamtentwicklungsplan des Unternehmens
  (i. S. konkreter Maßnahmenplanung)
- die Überwachung des Erfolgs incl. der Fehleranalyse und Korrektur
  der Planung.

4.3.2. Der Einsatz der EDV in der Personalentwicklungsplanung

Um eine edv-gestützte Personalentwicklungsplanung sinnvoll und
ökonomisch zu betreiben, sind einige methodische und organisatorische Voraussetzungen notwendig.
1. Die Existenz von stellenbezogenen Anforderungs- und Eignungsprofilen.
2. Die Existenz eines qualifizierten Mitarbeiterbeurteilungssystems.
3. Die Existenz aussagefähiger Arbeitsplatz- und Stellenbeschreibungen

Diese Daten sind i. d. R. auch in manuellen Systemen der Personalentwicklung vorhanden, so daß sie nur entsprechend formalisiert
und aufeinander abgestimmt werden müssen, um der edv-technischen
Verarbeitung zugänglich zu sein. Fehlende Daten müssen erhoben,
erstellt bzw. beschafft werden, da sie den notwendigen Systeminput
darstellen. [1]

In einem weiteren Schritt müssen Datenerhebung, -erfassung, -verarbeitung, -fluß, etc. in Form eines Ablaufplanes festgelegt werden.
Des weiteren sollte zwischen der Ermittlung des Bildungsbedarfs
und der daraus resultierenden Personalentwicklungsplanung (Phase I)
und der konkreten Planung von Maßnahmen, also der Weiterbildungsplanung (Phase II) unterschieden werden.

Im Rahmen der Personalentwicklungsplanung erscheinen für die maschinelle Verarbeitung geeignet:

---

[1] Vgl. zusammenfassend Tab. 6, S. 90 , die Dateninput, geeignete
Aufgabenfelder sowie Datenoutput gegenüberstellt.

1. Der Soll-Ist-Vergleich von Anforderungen und Eignungen, also die status quo bezogene Feststellung des Bildungsbedarfs.
2. Die Auswertung der Mitarbeiterbeurteilung und Förderungsdaten incl. deren Plausibilitätsprüfung
3. Das Erstellen von Vorschlagslisten für die
   - Personalentwicklungsplanung (i. S. von Verwendungsplanung),
   - Bildungsplanung (i. S. von Maßnahmenplanung),
   sowie deren Verarbeitung zu Planungsunterlagen.
4. Die Koordination der Bildungsplanung sowie deren terminliche Überwachung.

Sieht man von der bloßen Speicherung ab, so sind insbesondere nicht geeignet:
1. Die Phase der Informationsgewinnung, d. h. die Mitarbeiterbeurteilung, die Arbeitsplatzanalyse sowie die Festlegung von Zielvorstellungen.
2. Die Phase der Entscheidung bzw. Verabschiedung konkreter Personalentwicklungs- und Weiterbildungspläne.

Der Soll-Ist-Vergleich von Anforderungs- und Eignungsprofilen hat den Charakter einer Situationsanalyse des status quo. Der Vergleich der in Personal- und Arbeitsplatzdatenbank gespeicherten Daten (Ist-Situation) gibt Aufschluß über den qualifikationsgerechten Einsatz aller Mitarbeiter. Anders ausgedrückt läßt die Analyse positive bzw. negative Abweichungen von erforderlichen (ex definitione) Qualifikationen erkennen. Mittels der EDV werden Listen der über- und unterqualifizierten Mitarbeiter erstellt und ausgedruckt. Sie liefern erste Anhaltspunkte für Bildungs- bzw. Entwicklungsbedarf, liefern aber keinesfalls eine hinreichende Entscheidungsbasis. Hierfür sind zusätzliche Informationen - die z. B. dem Beurteilungssystem entnommen werden können - erforderlich.

Die Auswertung der Mitarbeiterbeurteilung, deren Bestandteile
- die Erfassung quantitativ zugänglicher Daten des einzelnen Arbeitsverhältnisses (stellen- bzw. arbeitsplatzbezogenes Leistungsverhalten, Leistungsergebnisse und Fachkenntnisse),

- ein persönliches Beurteilungsgespräch mit dem direkten Vorgesetzten bzgl. Förderungsfähigkeit, individueller Förderungsbereitschaft und Fortbildungsvoraussetzungen,
- konkrete Vorschläge des Beurteilenden über die Verwendungsmöglichkeiten und -fähigkeiten bzgl. zukünftiger Aufgabenübernahme des Mitarbeiters

bilden, liefert weitere Anhaltspunkte für die Personalentwicklungsplanung. (Vgl. Abbildung 20, S. 88).

Die entsprechende Formalisierung des Beurteilungssystems vorausgesetzt, kann die EDV - insbesondere hinsichtlich der zu planenden Weiterbildungsmaßnahmen - die Auswertung übernehmen. Des weiteren erscheint die Plausibilitätsprüfung, d. h. die Untersuchung der Beurteilungsergebnisse auf systematische Beurteilungsfehler anhand statistischer Verfahren grundsätzlich der edv-technischen Verarbeitung zugänglich. Den Output stellen Listen der betroffenen Mitarbeiter dar, auf deren Grundlage zusätzliche Gespräche zur Klärung der Unstimmigkeiten geführt werden können. Als weiteres Einsatzfeld der EDV sind - bedingt durch die sich in periodischen Zeiträumen (meist jährlich) wiederholende Mitarbeiterbeurteilung - Längsschnittvergleiche von Daten Einzelner bzgl. Leistungsverhalten, -ergebnissen und Fachkenntnissen (quantifizierbare Daten der Beurteilung) zu bezeichnen. Mittels statistischer Verfahren können Entwicklungstrends abgeleitet werden. Diese beruhen ausschließlich auf vergangenheitsbezogenen Daten. Inwieweit diese durch Trendextrapolation zu aussagefähigen Prognosedaten gewandelt werden können, ist angesichts des Objekts (menschliches Verhalten) fraglich und umstritten.

Die Ergebnisse des Soll-Ist-Vergleichs von Anforderungen und Eignungen und die Auswertung der Mitarbeiterbeurteilung bilden i. d. R. eine hinreichende Entscheidungsgrundlage für die Verabschiedung des Personalentwicklungs- und Weiterbildungsplans. Die Entscheidung über durchzuführende Maßnahmen und den betreffenden Mitarbeiterkreis, also die Planverabschiedung und deren unternehmensweite und -einheitliche Koordination sind der edv-technischen Verarbeitung nicht zugänglich. Sie werden von der Unternehmensleitung bzw. deren Beauf-

Abb. 20: Die Auswertung der Mitarbeiterbeurteilung

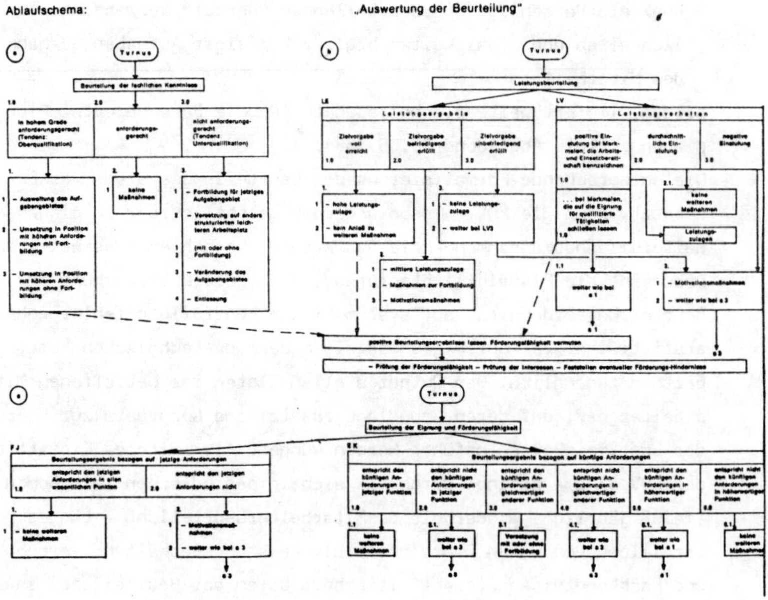

Quelle: DGFP 1976, S. 104/105

tragten manuell getroffen. Dem Instrumentalcharakter von PIS wird somit genügt. Sind die Pläne verabschiedet, d. h. Maßnahmen und Mitarbeiterkreis festgelegt, so können diese Ergebnisse wieder in die EDV eingegeben und zu Planungsunterlagen verarbeitet werden. Den Output bilden Listen, die die Maßnahmen, deren Art, den betreffenden Mitarbeiterkreis und deren terminliche Fixierung enthalten. Die Maßnahmen und Mitarbeiter sind einander entsprechend des Bildungsbedarfs zugeordnet.

Die so erstellten Planungsunterlagen bilden einen Teil des Inputs für die Planung der Durchführung der Weiterbildungsmaßnahmen. Die Kenntnis und Speicherung der intern und extern angebotenen Weiter-

bildungsmaßnahmen, deren Voraussetzung, Termine, Kosten etc. bilden den anderen, für die edv-technische Verarbeitung notwendigen Teil des Inputs. Aufgrund dieser Datenlage ist die Realisierbarkeit und terminliche Koordination mittels der EDV möglich. Den Output bilden Förderungspläne, die einzelne Maßnahmen einzelnen Mitarbeitern,zu bestimmten Terminen,unter Berücksichtigung der Unternehmens- und Mitarbeiterinteressen sowie allen in- und externen Determinanten zuordnen.
Die Information der Betreffenden und die Unterrichtung des Betriebsrats kann im Anschluß maschinell vorgenommen werden.

Die notwendigen Daten (Input), die zur Verarbeitung mittels EDV geeigneten Aufgabenfelder, sowie deren Ergebnisse (Output) sind in der Tabelle 6, S. 90, zusammengefaßt.

4.3.3. Bewertung des Einsatzes der EDV in der Personalentwicklungsplanung

Die Bereiche bzw. Aufgabenfelder innerhalb der Personalentwicklungsplanung, die edv-gestützt betrieben werden können, sind, wie dargestellt, vielfältig. Entscheidend erscheint jedoch, daß trotz alledem die eigentliche Entscheidung über den Personalentwicklungsplan, sowie die planungsergebniserhebliche Erfassung und Durchführung der Mitarbeiterbeurteilung und Arbeitsplatzbewertung nicht Gegenstand automatisierter Entscheidungssysteme ist. Soll der Instrumentalcharakter von PIS gewahrt bleiben - und dies erscheint wünschenswert - so müssen diese Entscheidungen weiterhin von Menschen getroffen werden. Im Hinblick auf die von DRUMM/SCHOLZ 1983 getroffene Feststellung, daß _umfassende_ formale Methoden für die Personalentwicklungsplanung nicht existieren (vgl. DRUMM/SCHOLZ 1983, S. 24),muß dieser Zustand erhalten bleiben. Darüber hinaus sollte bei Vorliegen geeigneter Bedingungen - d. h. der Existenz eines PIS und der in 4.3.2. beschriebenen Voraussetzungen - das Rationalisierungspotential und die Verbesserung der Entscheidungsgrundlage durch Objektivierung und Verlagerung der Entscheidung auf ein höheres

Tab. 6: Personalentwicklungsplanung mittels EDV

Dateninput	EDV-geeignete Aufgabenfelder der Personalentwicklungsplanung	Output (Ergebnisse)
- Anforderungsprofil - Eignungsprofil - Stellen- bzw. Arbeitsplatzbeschreibung - Förderungsleitlinien - Nachfolgepläne - Förderungsfähigkeit - Förderungsbereitschaft - Förderungsmaßnahmen - Vorschläge - Zielvorstellungen der Mitarbeiter	- Soll-Ist Vergleich von Anforderung und Eignung - Plausibilitätsprüfung - Längsschnittvergleiche - Auswertung der Beurteilungs- und Förderungsdaten - Personalentwicklungsplanung - Weiterbildungsplanung - Terminüberwachung - Erfolgskontrolle - Informations- und Benachrichtigungswesen	- Hinweise zur Veränderung des Aufgabengebiets - Vorschlagslisten für Förderungsmaßnahmen - Vorschlagslisten für Weiterbildungsmaßnahmen - Förderungspläne - Bildungspläne, Bildungsbedarfspläne - Fehlerhinweise zur Beurteilung - Terminüberwachungslisten - individuelle Anschreiben an Betriebsrat und Betroffene

Quelle: Vom Verfasser in Anlehnung an Ausführungen der DGFP 1976 S. 99, erstellt

Informationsniveau genutzt werden. Gerade auf dem Gebiet der Personalplanung und ihrer Teilbereiche bietet die Verwendung und Nutzung neuer Informationstechnologien die Chance, die Situation zum Wohle von Mitarbeitern und Unternehmen zu verbessern. Voraussetzung ist der verantwortliche Umgang mit dem System und den in ihm enthaltenen Informationen. Dies gilt nicht nur für die Unternehmensleitung, sondern in gleichem Maße für die Mitarbeitervertretung - den Betriebsrat (vgl. WOLF-KÖPPEN 1984, S. 86).

4.4.   Zusammenfassung

Die Personalplanung - gleichgültig ob manuell oder edv-gestützt betrieben - gewinnt in Zeiten stetig steigender Personalkosten, wachsender Konkurrenz und sich stetig wandelnder Anforderungen zunehmend an Bedeutung. Entscheidend ist das Verständnis der Personalplanung als integrierter Bestandteil der Unternehmensplanung und die analog der funktionsorientierten Unterteilung des Personalwesens vorgenommene Gliederung in interdependente Teilplanungsbereiche. Den Ausgangspunkt jedweder personalplanerischer Aktivitäten bildet hierbei die Bedarfsplanung. Alle anderen Teilbereiche sind ihr nachgeordnet bzw. orientieren sich an ihr. Die Ergebnisse (Teilpläne) müssen in einen unternehmensweit gültigen Gesamtpersonalplan integriert werden. Hierzu ist es notwendig, einen Bezugsrahmen zu entwickeln, der die in- und externen Schnittstellen zu Unternehmens- bzw. anderen Teilplanungsbereichen berücksichtigt.

Analog ist die Vorgehensweise der edv-gestützten Personalplanung. Als zusätzliche Voraussetzung sind die Erfordernisse der Formalisierung und edv-gerechten Aufbereitung zu berücksichtigen. Des weiteren ist die eingeschränkte Einsatzfähigkeit der EDV - im wesentlichen in der Informationsverarbeitungs- und -verwaltungsphase -, die durch die Restriktion des Instrumentalcharakters von PIS bedingt wird, zu beachten.

Am Beispiel der Personalentwicklungsplanung wird der Einsatz der EDV abschließend verdeutlicht. Als meist verwandte Instrumente werden das Profilverfahren (maschineller Soll-Ist-Vergleich, etc.) und edv-technische Verwertung der Mitarbeiterbeurteilung vorgestellt. Als wesentliches Ergebnis bleibt festzuhalten, daß eine Vielzahl von Teilaufgaben der Personal(entwicklungs)planung grundsätzlich der edv-gestützten Verarbeitung zugänglich ist, auch wenn die gemachte Restriktion (PIS dürfen sich _nicht_ zu automatisierten Entscheidungssystemen entwickeln) berücksichtigt wird. Mit anderen Worten: Nicht alles, was technisch machbar ist, ist auch (ökonomisch) sinnvoll, aber das Sinnvolle sollte dennoch realisiert werden!!!

5. DIE PROFILE IN ANWENDUNG BEFINDLICHER PERSONAL-INFORMATIONSSYSTEME - ERGEBNISSE DER FALLSTUDIEN

Um diese Arbeit nicht ausschließlich auf theoretische Betrachtungen zu beschränken, führe ich in diesem Kapitel eine vergleichende Fallstudie zweier gewerblicher Industrieunternehmen der BRD ein. Als Untersuchungsobjekte habe ich
- die Volkswagenwerk AG Wolfsburg und
- die H. F. & Ph. F. Reemtsma GmbH & Co

ausgewählt, von denen mir bekannt war, daß sie ein PIS implementierten und zur Zeit betreiben. Beide Firmen waren freundlicherweise bereit, für die Durchführung der Befragung einen Mitarbeiter zur Verfügung zu stellen. [1]

Als Untersuchungsdesign wurde eine vergleichende Fallstudie, also die zeitpunktbezogene Analyse von bestimmten, abgrenzbaren organisatorischen Zuständen (hier Einführung und Betrieb von PIS) mehrerer Fälle (2) durch Sammlung und Auswertung von Informationen mittels Befragung und/oder Beobachtung und deren Vergleich (vgl. KUBICEK 1975, S. 58) gewählt. Ziel der Fallstudie ist,
- die in Kapitel 2 und 4 aus Sicht der Wissenschaft dargestellten Zusammenhänge, Strukturen und Inhalte mit der Realität, d. h. implementierten und in Anwendung befindlichen PIS, zu konfrontieren,
- das Profil in Anwendung befindlicher Systeme darzustellen und
- einen Vergleich zwischen zwei gewerblichen Industrieunternehmen unterschiedlicher Größe (gemessen an der Mitarbeiterzahl) hinsichtlich Ausgestaltung und Verwendung eines PIS vorzunehmen.

Zu diesem Zweck werden die PIS der Volkswagenwerk AG (PEDATIS) und der Reemtsma KG (PAS), [2] mittels der Beschreibungsmerkmale
- Aufgaben und Ziele,
- Einbindung in das betriebliche Informationsgefüge,
- Daten und Datenschutz

---

[1] Die Befragung wurde anhand eines vom Verfasser entwickelten Gesprächsleitfadens, der im Anhang abgedruckt ist, durchgeführt

[2] Die Untersuchungseinheit ist in beiden Fällen nicht der Konzern, da ansonsten diverse Besonderheiten bzgl. Verflechtungen berücksichtigt werden müßten.

- Interessenlage und Position des Betriebsrats, sowie
- Auswirkungen der Systemeinführung und des Systembetriebs

beschrieben. Gleichzeitig skizzieren diese Beschreibungsmerkmale den Rahmen der durchgeführten Befragung. Den zentralen Inhalt des abschließenden Vergleichs der Fallstudien - dessen Ergebnisse in Thesen formuliert und erläutert werden - bildet die Überprüfung folgender Hypothese:
Die unterschiedliche Größe (gemessen an der Mitarbeiterzahl) der Untersuchungseinheiten impliziert einen höheren Grad der Nutzung potentieller Anwendungsmöglichkeiten qualitativer Art des implementierten und betriebenen PIS.

5.1. Die Ist-Analyse des Personalinformationssystems der Reemtsma KG Hamburg

Die H. F. & Ph. F. Reemtsma Cigarettenfabriken GmbH ist ein Konzern der Nahrungs- und Genußmittelindustrie. Der Konzern ist in die Unternehmensbereiche Cigarette (UBC) und Getränke (UBG) gegliedert. Der Jahresumsatz 1984 betrug 6,115 Mrd. DM (incl. Tabak- und Biersteuer). Die wichtigsten Beteiligungen des Inlandkonzerns sind:

UBC
- H. F. & Ph. F. Reemtsma GmbH & Co, Hamburg,
- Badische Tabakmanufaktur Roth-Händle GmbH, Lahr,
- Badische Tabakmanufaktur Roth-Händle GmbH & Co, Lahr
- und einige kleinere Beteiligungsgesellschaften

UBG
- Bavaria - St. Pauli - Brauerei AG, Hamburg,
- Hannen Brauerei GmbH, Willich,
- Brau-AG, Nürnberg,
- Henninger-Bräu AG, Frankfurt/Main,
- Eichbaum-Brauereien AG, Mannheim,
- Brauerei Moninger AG, Karlsruhe,
- Frankenthaler Brauhaus AG, Frankenthal/Pfalz und
- einige kleinere Beteiligungsgesellschaften.

Konzernweit wurden per 28.2.1985 ca. 9200 (im Jahresdurchschnitt 83 : 9419) Mitarbeiter beschäftigt.

Die nachfolgenden Ausführungen beziehen sich - so nicht anders
kenntlich gemacht - auf die Reemtsma KG, die die Herstellung, den
Vertrieb (Verkauf und Auslieferung) sowie F & E von Cigaretten
zum Gegenstand hat. In z. Z. noch drei Werken (Berlin, Hannover-
Langenhagen und Hamburg-Bahrenfeld (die Produktion im Hamburger
Werk wird eingestellt)) wurden ca. 33 Mrd. Cigaretten (1983) produziert, die einem Marktanteil von ca. 30 % entsprechen. Per
28.2.1985 beschäftigte die Reemtsma KG 3316 (Jahresdurchschnitt
1983 : 4203) Mitarbeiter. Der Anteil der Angestellten belief sich
auf ca. 45 % (entspricht einem Verhältnis von 1 : 1,4 Angestellte/
gewerblichen Mitarbeitern). Der Personalaufwand erreichte 1984
(konzernbezogen!) 608 Mil. DM (entspricht einem Rückgang um 3,6 %
im Vergleich zu 1983); in Relation zu den um die Tabak- und Biersteuer bereinigten Umsatzerlösen erreichte der Personalaufwand
eine Größenordnung von ca. 30 %. [1]

Der Konzern unterliegt, ob seiner an der Mitarbeiterzahl gemessenen
Größe, der Mitbestimmung nach dem Mitbestimmungsgesetz von 1976.
Demzufolge ist das Ressort Personal- und Sozialwesen durch ein Vor-
standsmitglied (Arbeitsdirektor) in der Unternehmensleitung ver-
treten. Zuständiger Tarifpartner ist die Gewerkschaft Nahrung-
Genuß - Gaststätten (NGG).

5.1.1.   P A S   (Personal - Abrechnungs - System) - das
         Personalinformationssystem der Reemtsma KG

Das seit 1981 implementierte System PAS basiert auf dem Standard-
software-Produkt PAISY (Personal - Abrechnungs- und administratives
Informations - System) und wird bedarfsgerecht modifiziert eingesetzt. Die hohe Änderungsintensität im Bereich der Personalverwaltung (insbesondere der Personalabrechnung) ließ das bis zu diesem

---

[1] Vgl. zu den gemachten Ausführungen den Geschäftsbericht 1983
    und 1984

Zeitpunkt bestehende selbsterstelle EDV-Programm des Personalwesens unwirtschaftlich werden. Der Systembetrieb war durch Funktionsstörungen, mangelnder Anpassungsfähigkeit (Flexibilität) und die nicht dem Informationsbedarf genügenden Auswertungsmöglichkeiten gekennzeichnet.[1] Nachdem der Entschluß, das alte Verfahren zu ersetzen, getroffen war, blieb zu klären, ob ein System entwickelt oder gekauft werden sollte. Man entschied sich für den Kauf eines kompletten, modularen Software-Pakets (PAISY), da der Ankauf des Systems nur ca. 10 - 20 % der Kosten, die bei einer vergleichbaren Eigenentwicklung zu erwarten wären, betrug (vgl. Systembeschreibung PAISY 1984, S. 1).

Da es sich um den Einsatz - wenn auch bedarfsgerecht modifiziert - des Standardsoftware-Pakets PAISY handelt, werde ich die wesentlichen Funktionen und den Aufbau dieses Systems nachfolgend darstellen.

PAISY wurde 1971 von einem kommerziellen Softwarehaus mit Unterstützung des Forschungsministeriums entwickelt und befindet sich seit 1972 im Einsatz. Mit z. Z. ca. 500 Installationen und mehreren tausend Anwendern handelt es sich um das erfolgreichste und am weitesten verbreitete PIS. Sämtliche Programme des Systems sind in der - im kommerziellen Anwendungsbereich weit verbreiteten - Programmiersprache ANS - COBOL geschrieben, so daß die Anpassung an fast jede Hardware-Konfiguration ohne größere Schwierigkeiten möglich ist. Die laufende Wartung, edv-technische sowie inhaltliche Anpassung, Verbesserung und Weiterentwicklung wird vom Entwicklungshaus zentral vorgenommen, so entsprechende Vereinbarungen getroffen wurden (Dienstleistung). PAISY ist demzufolge bzgl. der Wandelung von internen und externen Anforderungen zukunftssicher.

Das Gesamtsystem besteht aus den Komponenten (vgl. Abbildung 21, S. 96)

---

[1] Für EDV-Programme existiert eine maximale Lebensdauer, d. h., derjenige Zeitraum, in dem die Programme entsprechend ex- und interner Anforderung ökonomisch sinnvoll geändert werden können, ist begrenzt. Dies gilt insbesondere für dynamischen Umweltveränderungen unterworfenen Bereichen wie dem Personalwesen. Die max. Lebensdauer beträgt 6 - 8 Jahre (vgl. SCHULZE 1984, S. 205)

Abb. 21: Die Hauptfunktionsbereiche und Komponenten von PAISY

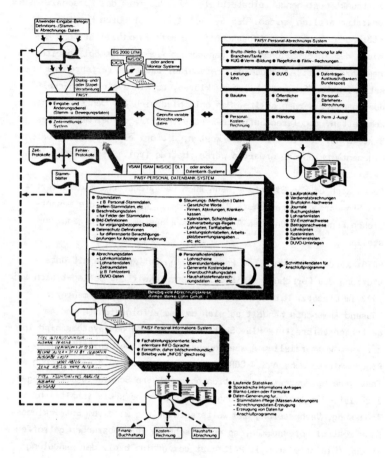

Quelle: PAISY Systembeschreibung 1984, S. 1 Abschn. 1

- Datenverwaltungs-System (1),
- Abrechnungs-System (2) und
- dem Informations- und Datengenerator-System (3).

zu 1

Das Datenverwaltungs-System beinhaltet alle Stamm- und Steuerungsdaten, also Daten mit Dauercharakter bzw. niedriger Änderungsintensität, sowie die Einzelabrechnungswerte der vergangenen Abrechnungsperiode. Die gespeicherten Datengruppen können im direkten Zugriff und/oder sequentiell angesprochen werden. Die einzelnen Gruppen sind in unterschiedlichen Dateien, Satzarten, Untersatzarten und Folgesätzen gegliedert. Alle Ein- und Ausgabefunktionen werden über einen eigenständigen Programmteil gesteuert mit der Folge, daß die Speicherung in beliebigen Speicherorganisationsformen vorgenommen werden kann. Das System kann als datenbankunabhängig und beliebig erweiterbar bezeichnet werden. Die Erweiterungen können ohne Änderung der Programme vom Anwender vorgenommen werden.

zu 2

Das Abrechnungs-System bietet standardmäßig alle Funktionen einer Finanz- und Lohnbuchhaltung an. Die Vielfalt der potentiell möglichen Abrechnungsformen kann innerhalb der PAISY-Installation einzeln, nebeneinander und gemischt bearbeitet werden. Es besteht die Möglichkeit, Abrechnungskreise (beliebig zu wählende Gruppen, z. B. Werke, Tochtergesellschaften, etc.) zu bilden, und diese gemeinsam oder getrennt zu führen. Das System ist baukastenförmig ausbaubar, so daß dem Anwender stets die benötigten Funktionen zur Verfügung stehen und ein günstiges Preis/Leistungsverhältnis realisiert werden kann.

zu 3

Mittels des Informations- und Datengenerator-Systems kann der Anwender (i. d. R. die Personalabteilung) direkt auf die <u>innerhalb</u> von PAISY gespeicherten Daten zugreifen, um diese frei definierbar miteinander zu verknüpfen, d. h. Auswertungen zu erstellen. Ein Zugriff bzw. die Verknüpfung mit Datenbeständen außerhalb des Systems ist grundsätzlich <u>nicht</u> möglich. Des weiteren müssen die angesprochenen Daten mit einem "Infonamen" ausgestattet sein. Datenfelder ohne "Infonamen" sind für die Auswertung nicht zugänglich (systemimmanenter Datenschutz!). Zur Formulierung der Auswertungen steht eine einfache, ohne detaillierte Programmierkenntnisse zu beherrschende Abfragesprache (PAISY-Info) zur Verfügung. (Vgl. auch Abbildung 22). [1]

Abb. 22: Das PAISY Informations- und Datengenerator-System und seine wesentlichen Funktionen

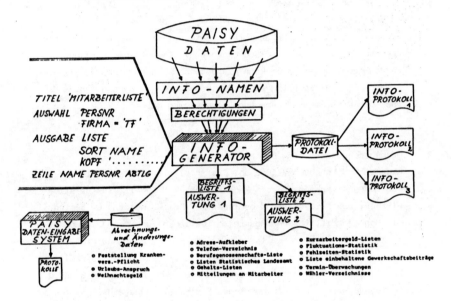

Quelle: PAISY Systembeschreibung 1984, Abschn. 4, S. 2

---

[1] Vgl. zu den Ausführungen über PAISY die Systembeschreibung, Stand 1984

5.1.2. Die Anwendung von PAS - Aufgaben und benötigte Daten

Aus Sicht des Unternehmens bzw. der zu erfüllenden Aufgaben steht eindeutig die administrative Verwendung von PAS im Vordergrund. Der Hauptanwendungsbereich ist die Lohn-, Gehalts- und Betriebsrentenabrechnung. In getrennten Verfahren werden die Mitarbeiter und Rentenbezieher abgerechnet. Zusätzlich wird die Abrechnung für
- die Reemtsma GmbH und
- die Badische Tabakmanufaktur Roth-Händle GmbH

vorgenommen. Die im PAISY Grundprogramm zur Verfügung stehenden Verfahren (z. B. Bruttolohnabrechnung, Nettolohnermittlung, Abrechnung von Kurzarbeit, Rückrechnungen, Kindergeldermittlung, Vermögensbildung, etc.) werden am jeweiligen Bedarf orientiert wahrgenommen. Als weiteres Anwendungsgebiet stellt sich der Bereich der Betriebsstatistik dar. Es werden regelmäßig wiederkehrende und außerplanmäßige Statistiken edv-gestützt erhoben. Zu nennen sind z. B.

- Fehlstand,   - Erstellung von Urlaubslisten
- Krankenstand,   - etc.
- Fluktuation,

Die Statistiken dienen weniger dem Tagesgeschäft, als vielmehr **Vorstandsvorlagen** und Informationsanforderungen anderer Bereiche. Das dritte bedeutende Anwendungsgebiet der EDV stellen die gesetzlich fixierten Informationserfordernisse durch staatliche Stellen (Sozialversicherungsträger) dar. Diesen wird edv-gestützt genüge getan (z. B. DÜVO - Total mittels Magnetbandaustausch).
Nach Auskunft des Unternehmens werden weder Leistungsdaten noch Qualifikations- und Stellenprofile im System gespeichert. Letztere können jedoch ad hoc edv-gestützt erzeugt werden. Aufgrund des verwandten Personalplanungsverfahrens (an die jährliche Budgetplanung gekoppelte Erfassung des benötigten Personalbedarfs in Form einer dreijährigen rollierenden quantitativen Vorausschau (vgl. WAGNER 1982, S. 14)) entsteht keine Notwendigkeit, ein Profilverfahren, d. h. den maschinellen Abgleich von produzierten Profilen, vorzunehmen.

Schnittstellen zu anderen betrieblichen Informationssystemen bestehen in begrenzter Zahl (z. B. zu dem Entgeltverteilungsprogramm, das dem Finanzressort angegliedert ist). Die grundsätzlich vertretene Position, Informationssysteme bevorzugt als eigenständige und unabhängige Systeme zu entwickeln oder einzuführen, bzw. die Möglichkeiten der dezentralen Datenverarbeitung mittels Personal Computers (PC) zu nutzen (z. B. Personalplanung), wird die Zahl der maschinellen Schnittstellen auch in Zukunft in Grenzen halten. Allgemeines Ziel für den Einsatz von PAS ist die Integration möglichst aller abrechnungstechnischen Vorgänge (Beiträge für die Sportgemeinschaft, Gewerkschaft, die Telefonabrechnung, Kantinenessen, etc.). Die Speicherung von personenbezogenen Daten ist quantitativ nicht begrenzt, d. h., es besteht diesbezüglich keine Vereinbarung mit der Arbeitnehmervertretung. Ein Katalog der gespeicherten Daten liegt mir nicht vor, daher werde ich ersatzweise den vom Softwarehersteller zur Speicherung empfohlenen Datensatz bzw. die entsprechenden Oberbegriffe wiedergeben. (Vgl. hierzu Tabelle 7, S. 101).

Es muß angemerkt werden, daß die Zahl der gespeicherten Daten im Hause Reemtsma bei weitem nicht so groß ist.

Als Quellen der gespeicherten Daten sind zu nennen:
- Personalakte
- Personalfragebogen
- Tagesmeldung des Kostenstellenleiters
- sonstige im Arbeitsprozeß entstehende Daten.

5.1.3. PAS und der Schutz personenbezogener Daten

Der Schutz personenbezogener Daten innerhalb des Systems wird durch die Kombination einer Vielzahl von Einzelmaßnahmen gewährleistet. Insbesondere soll auf die systemimanenten Datensicherungsmaßnahmen des Systems PAISY hingewiesen werden, die geschlossen in PAS übernommen wurden. Die unter dem Oberbegriff "Datenschutz-Ring"

Tab. 7: Empfohlener Datensatz für PAISY

Bereich	Einzelangaben bzw. Oberbegriffe
1. Information über die Person für die Abrechnung und DÜVO	standardmäßig vorhanden (Stammdaten)
2. Information zur Einstellung	Art der Kontaktaufnahme, Bewerbungs-,Einstellungs- und Probezeitdaten, Kündigungsfristen,Interview- bzw. Eignungstestinformationen, Verwendungsmöglichkeiten
3. Informationen zur Ausbildung, Erfahrungen, Kenntnissen, Leistungen	Schulbildung/Studium, Prüfungen, ausgeübter Beruf, Lehrgänge, bisherige Beschäftigung und Position, Beurteilungen,Austrittsgrund beim Vorarbeitgeber, Sprachkenntnisse, Führerscheine, Leistungsmerkmale, Ermahnungen, Auszeichnungen, Aus- und Weiterbildungsplanung
4. Informationen über den internen Einsatz	Position von ... bis ..., Vorgesetzter, Versetzungsgründe, Nebenämter
5. Informationen über den Austritt	Austrittsdatum, Austrittsgrund, Kündigung durch , Zeugnisangaben

Quelle: Vom Verfasser in Anlehnung an die PAISY Systembeschreibung erstellt

zusammengefaßten Maßnahmen sind im einzelnen:
- Die Regelung der Zugangsberechtigung durch die Vergabe persönlicher Kennungen, die ausschließlich dem Benutzer bekannt sind,
- die Begrenzung der Zugriffsberechtigung auf eine frei definierbare Menge der gespeicherten Daten,
- die Zwangsprotokollierung jeder "Info-Anfrage" durch die Ausgabe der Anfrage (Klartext) und Auflistung der betroffenen Daten,
- der Verknüpfungsschutz durch (Nicht-)vergabe von "Infonamen"
- die Kennzeichnung bestimmter Daten mit einer besonderen Datenschutzstufe bzw. Kennzeichnung als sensibles Feld (verhindert die Nutzung

der Daten für vorher zu definierende Verwendung),
- die generelle Protokollierung (es werden alle Merkmale, die zur
Identifikation der Abfrage, des Benutzers, der hinzugezogenen
Daten, etc. benötigt werden, in geeigneter Form archiviert).

Weiterhin wird jeder Mitarbeiter des Hauses Reemtsma, der mit sensiblen, d. h. personenbezogenen Daten im weitesten Sinne in Berührung kommen kann, gesondert auf das Datengeheimnis (§ 5 BDSG) schriftlich hingewiesen und verpflichtet. Die Verpflichtung besteht über das Arbeitsverhältnis hinaus.

Ein nebenamtlicher Beauftragter für den Datenschutz (hauptamtlich Mitarbeiter der Abteilung Informationstechnologie) ist benannt. Er ist weisungsfrei und kontrolliert die Einhaltung aller datenschutzrechtlichen Vorschriften. Außerdem wirkt er in kooperativer Zusammenarbeit mit Betriebsrat und Geschäftsleitung an Anpassungen, Erweiterungen und Veränderungen edv-technischer Abläufe und Verfahren mit. Dies geschieht im Vorfeld (Planungsphase) der Maßnahmen.
Die Summe aller Datenschutzmaßnahmen gewährleistet die legitimen Schutzbedürfnisse der betroffenen Mitarbeiter. Das Eingreifen des Beauftragten für den Datenschutz in einem strittigen Fall war innerhalb des Hauses nicht bekannt.

5.1.4. PAS und die Position des Betriebsrates

Im Hause Reemtsma besteht weder eine gesonderte Betriebsvereinbarung für die Planung, Einführung und den Betrieb von PIS (PAS), noch ist ein derartiger Abschluß geplant. In die bestehende Betriebsvereinbarung, die sich im wesentlichen auf den Inhalt des § 90 (Unterrichtungs- und Beratungsrechte des Betriebsrates bei Planung neuer technischer Anlagen, Arbeitsverfahren und Abläufen, etc.) und § 111 Betr.Verf.G. (Betriebsänderung) bezieht, wurde ein Passus eingefügt, der die Einbeziehung von PIS erlaubt. Die Betriebsvereinbarung sieht vor, daß der Betriebsrat bei jeder sensiblen Änderung bzw. der geplanten Einführung neuer Verfahren frühzeitig, wenn möglich

in Form der Mitgliedschaft eines Betriebsratsmitgliedes in der
jeweiligen Projektgruppe, beteiligt wird.
Obwohl bei der Planung und Einführung des neuen PIS dieser Betriebsvereinbarung, aus hier nicht zu diskutierenden betriebsinternen Gründen, nicht in vollem Umfang entsprochen werden konnte, ergab sich kein nennenswerter Widerstand seitens des Betriebsrates.
Wesentlich scheint die grundsätzlich administrative Ausrichtung des
Systems und der verantwortungsvolle Umgang mit den potentiellen
Anwendungsmöglichkeiten für die Zustimmung (bzw. nicht erfolgte
Ablehnung) des Betriebsrates verantwortlich zu sein.

5.1.5. PAS und seine Auswirkungen

Nachdem PAS vier Jahre betrieben wird, kann rückblickend eine positive Bilanz gezogen werden. Den Anforderungen einer modernen und zeitgemäßen Personaladministration kann unter Zuhilfenahme des edvgestützten Systems PAS besser und schneller genügt werden. Unter dem Gesichtspunkt einer Kosten-Nutzen-Analyse sind keine abschließenden Aussagen zu machen, da einige Teilbereiche der Quantifizierung kaum zugänglich sind. Im einzelnen können folgende Auswirkungen benannt werden:
- Der Arbeitsfluß wurde erheblich verbessert,
- die Arbeitsweise ist durch die Einführung des Dialogverkehrs
  (Bildschirmarbeitsplätze in Form von **Mischarbeitsplätzen**) kontinuierlicher geworden,
- die Spitzenbelastung der Mitarbeiter der Lohn- und Gehaltsabrechnung
  kurz vor Ende der Abrechnungsperiode konnte reduziert werden,
- die anfallende Papiermenge wurde reduziert, ohne daß das "papierlose
  Büro" als Zielvorstellung angestrebt wird,
- die Aktualität der Daten ist gestiegen (die Personaladministration
  kann als "tagfertig" bezeichnet werden,
- der durch die zentralen und gleichen Wissensstände entstandene
  Vorteil ist besonders hervorzuheben.

5.2. Die Ist-Analyse des Personalinformationssystems der Volkswagenwerk AG Wolfsburg

Der Volkswagen-Konzern produziert und vertreibt seit 1945 Kraftfahrzeuge (PKW und Nutzfahrzeuge). Die Jahresproduktion 1983 betrug ca. 2,1 Millionen Einheiten (entspricht einer arbeitstäglichen Produktion von 9645 Einheiten), von denen ca. 1,4 Millionen im Inlandskonzern hergestellt wurden. Die erzielten Umsatzerlöse erreichen ca. 40 Milliarden DM/Jahr. Der Volkswagen-Inlandskonzern setzt sich aus
- Volkswagenwerk AG,
- Audi AG,
- der V.A.G. Leasing GmbH,
- der V.A.G. Kredit Bank GmbH,
- der Inter Rent Autovermietungs GmbH und
- vielen kleinen Tochter- und Beteiligungsgesellschaften

zusammen. Per 30.5.1984 wurden konzernweit 230.800 Mitarbeiter beschäftigt.

Die nachstehenden Ausführungen beziehen sich - so nicht abweichend kenntlich gemacht - ausschließlich auf die Volkswagenwerk AG Wolfsburg, die in ihren sechs Produktionsstätten (Wolfsburg, Braunschweig, Salzgitter, Hannover, Kassel und Emden) per 30. Mai 1984 ca. 115.000 Mitarbeiter beschäftigte. Der Anteil der Angestellten belief sich auf 18 % (entspricht einem Verhältnis von 1 : 4,6 Angestellte/Lohnempfängern), der der Führungskräfte auf 0,9 % (entspricht einem Verhältnis von 1 : 115 Führungskräfte/Mitarbeitern exklusive der ca. 800 Nachwuchsführungskräfte). Der Personalaufwand betrug in 1983 7.324 Millionen DM (Konzern: 12.371 Millionen DM) und erreichte eine Größenordnung von ca. 30 % gemessen an den Umsatzerlösen. 50,2 % des gesamten Personalaufwandes waren Personalnebenkosten!

In dem hier benötigten Kontext sind nachfolgende Organisationsmerkmale erwähnenswert:

- die Personalverwaltung erfolgt dezentral,
- die Lohn-, Gehalts- und Rentenabrechnung (die Zahl der Renten auf der Grundlage der betrieblichen Altersversorgung erreicht eine Größenordnung von 21.500 Anspruchsberechtigten) erfolgt zentral in Verbindung mit dezentraler Datenerfassung,
- die Betriebskrankenkasse (BKK) ist datenmäßig in das Unternehmen integriert,
- das Unternehmen unterliegt (freiwillig) dem Montan-Mitbestimmungsmodell (nach dem Montan-Mitbestimmungsgesetz 1951) und verfügt demzufolge über ein Vorstandsmitglied für das Personal- und Sozialwesen, das nicht gegen die Stimmenmehrheit der Mitarbeitervertretung gewählt werden darf,
- das Unternehmen schließt i. d. R. einen Haustarifvertrag mit der zuständigen Gewerkschaft (IG-Metall) ab.

(Vgl. zu den bisherigen Ausführungen den Geschäftsbericht 1983 und "Daten und Fakten 1984" des VW-Konzerns).

5.2.1. P E D A T I S (Personal Daten Informations-System) - das Personalinformationssystem der Volkswagenwerk AG Wolfsburg

Zu Beginn der siebziger Jahre wurde deutlich, daß das "alte" Personalverwaltungssystem der Volkswagenwerk AG (vgl. Abbildung 23, S. 106) den künftigen Anforderungen nicht mehr gewachsen sein würde.
Zwei Gründe waren hierfür ausschlaggebend:
1. Der Änderungs- und Aktualisierungsaufwand, der durch stetig zunehmende gesetzliche bzw. staatliche Informationserfordernisse bedingt ist, stand in keinem ökonomisch sinnvollen Verhältnis zum erreichten bzw. erwarteten Nutzen.
2. Die Chance, das personalpolitische Ziel, Mitarbeiter zu betreuen und nicht nur zu verwalten (Ausdruck der Sozialbindung des Unternehmens), zu realisieren, wurde mit dem bestehenden System immer geringer, da die Belastung durch verwaltungstechnische Routinetätigkeiten der Mitarbeiter des Personalwesens immer mehr in den Vordergrund der Tagesarbeit rückte.

Abb. 23: Der Informationsfluß vor dem Einsatz eines edv-gestützten Personalinformationssystems.

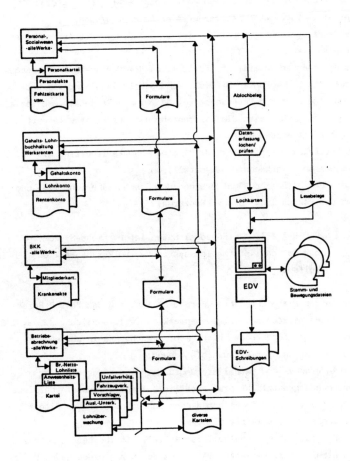

Quelle: BLEIL/KORB 1979, S. 5

In Kenntnis dieser Situation wurde 1971 die Entscheidung getroffen, ein neues, auf breiter Basis stehendes Personalinformationssystem zu entwickeln. Auf die bestehenden Erfahrungen fussend, wurden an das zu entwickelnde System personalwirtschaftliche (Verbesserung des Schutzes personenbezogener Daten, einheitliche und aktuelle Datenbestandsführung, Abbau der Spitzenbelastung der Mitarbeiter des Personalwesens zu bestimmten Terminen, etc.) und technisch/wirtschaftliche (geringer Abhängigkeitsgrad vom System, Erweiterungsfähigkeit, Flexibilität, Integration möglichst vieler Aufgaben, Benutzerfreundlichkeit, günstiges Kosten-Nutzen-Verhältnis, etc.) Anforderungen höchster Art gestellt.

Der erste Systemvorschlag wurde 1972 von der Abteilung SOP (System Organisation / Personal) vorgelegt, der
- Aufbau, Ausbau und Arbeitsweise des Systems,
- Struktur der Personaldatenbank,
- System der Anwendungsprogramme,
- Grobkonzept des Hardware-Systems,
- Wirtschaftlichkeitsüberlegungen incl. Kapazitätsbedarfsprognosen,
- Einführungsvorschläge (Stufenplan) incl. Alternativen und
- Vorteile und Verbesserungen für die einzelnen Fachabteilungen (Anwender)

zum Inhalt hatte (vgl. BLEIL/KORB 1979, S. 4). Der Vorschlag wurde verabschiedet und nach regional begrenzten Testläufen (Werk Salzgitter) in Stufen unternehmensweit realisiert. Die Konzeption kann inhaltlich wie folgt dargestellt werden.

PEDATIS ist ein Online-System, das auf der Basis eines von IBM entwickelten PIS (PERSIS) für den Einsatz bei der Volkswagenwerk AG modifiziert wurde. Es ermöglicht den betreffenden Mitarbeitern (im wesentlichen des Personal- und Sozialwesens) den direkten Zugriff über in den Fachabteilungen aufgestellte Datenendstationen (Bildschirme (1983: 280 Stück) und Druckern (1983: 18 Stück)) auf den zentralen Datenbestand. (Vgl. Abbildung 24, S. 108).

Nach Auskunft eines Mitarbeiters von SOP (März 1985) sind ca. 1750 Personen partiell zugriffsberechtigt und führen arbeitstäglich

Abb. 24: Der Informationsfluß mit Hilfe eines edv-gestützten Personalinformationssystems

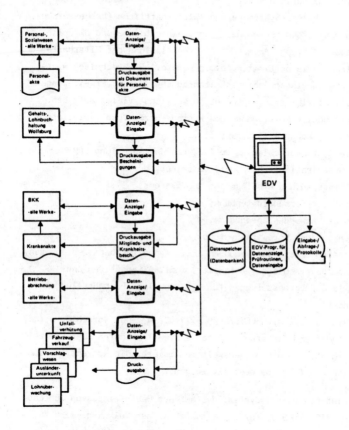

Quelle: BLEIL/KORB 1979, S. 5

ca. 120.000 Datenbewegungen (sehen und/oder bearbeiten von Informationen) durch. Die technische Organisation wird durch das Datenbanksoftwarepaket IMS (hierarisches System von IBM) gelöst. Die Aufgabe des Datenbanksystems ist die Speicherung von Daten und Infor-

mationen und deren aktuelle Bereitstellung für Abruf, Anfragen,
Änderungen und Aktualisierung durch die hierfür legitimierten Benutzer. Aus Gründen der Funktionssicherheit (Wiederherstellungszeit
bei Betriebsausfall) sowie edv-technischer Begründungen entschied
man sich für ein System physisch und logisch selbständiger Datenbanken, das zur Zeit (1985) aus 120 Einheiten besteht. (Vgl. Abbildung 25, S. 110). Die beliebig erweiterbare Anzahl der Datenbanken sind nach Ordnungsbegriffen (z. B. Stammdaten I, II, III,
An- und Abwesenheit, Entlassungen, Namensregister, etc.) gegliedert,
die weiter differenziert werden in z. B. Angestellte, gewerbliche
Mitarbeiter, leitende Angestellte, etc., so daß die große Anzahl
relativiert wird.
Um den Dialog zwischen Datenbanken und den dezentralen Datenendstationen (Terminals) zu realisieren, bedarf es den besonderen Anforderungen der Online-Verarbeitung (Aufbereitung der Datenanzeige,
Prüfroutine, Zugangsberechtigungen, etc.) genügende Programme. Diese
wurden von SOP entsprechend den individuellen Erfordernissen des
Hauses erstellt. Zur Zeit stehen über 100 Programme und 130 Bildformate zur Verfügung, die als <u>Programme für den Direktdatenverkehr</u>
bezeichnet werden. Des weiteren stehen <u>Basisprogramme</u> (zur Veränderung der Struktur der Datenbanken meist durch Stapelverarbeitung)
und <u>Periodische Auswertungsprogramme</u> (komplette Speicherung häufig
benötigter Auswertungen wie Fluktuations-, Krankheitsstatistiken,
etc. zwecks karteiloser Verwaltung) zur Verfügung.
In seiner jetzigen Form betreut das System PEDATIS ca. 450.000 Personen (gewerbliche Mitarbeiter, Angestellte, Rentner und deren
Angehörige (BKK!)). Das Tochterunternehmen Audi AG setzt PEDATIS in
eigener Regie ein.

5.2.2. Die Anwendung von PEDATIS - Aufgaben und benötigte Daten

Die im theoretischen Teil der Arbeit getroffenen Abgrenzungen zwischen
administrativen und dispositiven Aufgaben sollte die Grundlage der
Ermittlung der Aufgabenbereiche von PEDATIS bilden. Es wurde sehr
schnell deutlich, daß dieser Unterteilung nur analytischer Wert bei-

Abb. 25: Das EDV-System PEDATIS (Entwicklungsstand 1979)

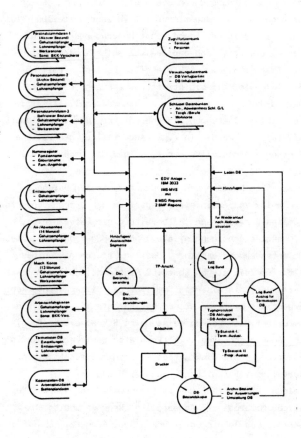

Quelle: BLEIL/KORB 1979, S. 7

gemessen werden kann, da die Aufgabenfelder der Praxis nicht überschneidungsfrei sind, d. h., beide Bereiche gleichzeitig betreffen können. Aus diesem Grund werden nur tendenzielle Zuordnungen getroffen.

Auf PEDATIS bezogen kann festgestellt werden, daß es sich um ein im wesentlichen administrativ ausgerichtetes PIS handelt, dem durch die freie Verknüpfbarkeit aller Datenbankinhalte dispositive Verwendungsmöglichkeiten imanent sind. Entscheidend sind nicht die potentiellen Verwendungsmöglichkeiten, sondern diejenigen, die real genutzt werden. Die ganze Bandbreite von Anwendungen kann hier nicht dargestellt werden, ersatzweise werden in Tabelle 8, S. 112, die Anwender mit ihren wesentlichen (edv-gestützt durchgeführten) Funktionen aufgelistet. Alle angeführten Teilnehmer sind **online** verbunden. Allgemein angestrebtes Ziel ist es, soviel als irgend möglich Routine- und Verwaltungsvorgänge maschinell zu bearbeiten. Das Feld der Anwendung reicht von gesetzlich vorgeschriebener Informationsübermittlung über Durchführung der Lohn- und Gehaltsabrechnung bis hin zu der Abwicklung aller Vorgänge der Betriebskrankenkasse. Ausgenommen ist die Speicherung und Verarbeitung von Leistungsdaten, also der Mitarbeiterbeurteilung. Sie findet nur indirekt über die Abrechnung vergebener Prämien Eingang. Andererseits ermöglicht die freie Verknüpfbarkeit der Datenbankinhalte freie Suchabfragen bzgl. bestimmter Qualifikationsmerkmale, ohne daß diese i. S. von Qualifikationsprofilen gespeichert sind. Sie entstehen während der Abfrage ad hoc. Ähnliches gilt für Stellenbeschreibungen, die erst oberhalb des Abteilungsleiters in gepflegter Form vorhanden sind, aber ac hoc für alle Arbeitsplätze gebildet werden können.

Grundsätzlich kann festgehalten werden, daß PEDATIS "(...) eindeutig die Merkmale, auf die Einzelperson ausgerichtet die Personalverwaltung zu unterstützen und damit die Mitarbeiter besser betreuen zu können und nicht eine einseitige Ausnutzung durch das Unternehmen zu Personalführungszwecken zu gestatten." (BLEIL/KORB 1979, S. 4) beinhaltet, wenngleich in diesem Kontext auf die vom Volkswagenwerk betriebene informationstechnologische Politik bzgl. Systemvorhaben hingewiesen werden muß (es wird eindeutig der Konzeption voneinander unabhängiger, parallel arbeitender Informationssysteme der Vorrang gewährt). So entsteht z. Z. ein Informationssystem, das personal-

Tab. 8: Die Aufgabenfelder von PEDATIS

Anwender (Abteilungen)	wesentliche edv-gestützte Funktionen
Personalabteilung Lohn und Gehalt	Personalbeschaffung, -einsatz, Lohn und Gehaltsüberwachung, Personalverwaltung, Personalabgänge
Personalwesen Führungskräfte	Personalverwaltung, Gehaltsabrechnung, Führungsausbildung
Sozialabteilung	Sozialbetreuung, Betriebliche Altersversorgung
Gesundheitsschutz	Vorsorgeuntersuchungen
Betriebskrankenkasse (BKK)	Melde- und Beitragswesen, Finanz- und Rechnungswesen, Leistungswesen
Lohn- und Gehaltsbuchhaltung	Kontoführung Lohnempfänger, Kontoführung Gehaltsempfänger, Kontoführung Werksrentner, Sozialversicherung/DÜVO Arbeitgeberzuschuß im Krankheitsfall
Lohnkasse	Bankabwicklung, Vermögensbildung
Betriebsabrechnung	An- und Abwesenheitserfassung
Fahrzeugverkauf	Auslieferung Werksangehörige, KFZ - Brief - Verwaltung
Arbeitssicherheit	Unfallbelehrung, Brandschutz, Sicherheitstechnische Schulungen
Betriebsschlosserei	Schlüsselverwaltung
Organisation	Zeichnungsberechtigung, EDV - Ausbildung

Quelle: Vom Verfasser in Anlehnung an BLEIL/KORB 1979 und eigene Befragung erstellt

planerischen Aktivitäten des operativen Managements dienen wird. Innerhalb des Systems, das etwa 100 Anwendern zur Verfügung stehen wird, ist mittels einer einfachen Programmiersprache die freie Verknüpfung jeglicher über Schnittstellen eingespeister Daten möglich. Ein Datenlieferant wird PEDATIS sein. Ähnliches gilt für andere betriebsinterne Informationssysteme ebenso (Servicefunktion)

Die gespeicherten Daten können nicht explizit genannt werden, da
aus Gründen der Datensicherung deren Bestandsdefinition nicht der
Öffentlichkeit zugänglich ist (vgl. BLEIL/KORB 1979, S 19). Ersatz-
weise führe ich die Oberbegriffe der gespeicherten Datengruppen auf:
- Angaben zur Person,
- Aus- und Weiterbildung,
- Kostenstellen-, Tätigkeits-, Arbeitseinsatzangaben,
- Gehalts-, Lohn-, Rentenangaben,
- Arbeitssicherheitsangaben, Vorsorgeuntersuchungen,
- Schwerbehindertenangaben, Tätigkeitseinschränkungen,
- Urlaubsanspruch,
- Allgemeine Daten,
- Betriebliche Altersversorgungsangaben,
- Fahrzeugverkaufsdaten an Werksangehörige,
- Ende des Arbeitsverhältnisses,
- Abrechnungstechnische Daten,
- An- und Abwesenheitsangaben,
- Arbeitsunfähigkeitsangaben.

Als Datenquellen werden die Personalakte (die unabhängig von PEDATIS
zur Aufbewahrung von Originalbelegen weiterbesteht), Einstellungs-
fragebögen und alle innerbetrieblich während des Arbeitsprozesses
entstehenden Daten (Anwesenheitslisten, etc.) herangezogen. Nicht
erfaßt werden externe Daten (etwa vom vorherigen Arbeitgeber).

5.2.3. PEDATIS und der Schutz personenbezogener Daten

Die Aufgabe der schon während der Entwicklung integrierten Datenschutzmaßnahmen ist
- die permanente Betriebsbereitschaft des Systems,
- der reibungslose Wiederanlauf nach Betriebsunterbrechungen,
- die Sicherung des Datenbestandes gegen Zerstörung und Manipulation,
- der Ausschluß des unbefugten Zugriffs und
- die Verhinderung aller Vorgänge, die im weitesten Sinne als Datenmißbrauch zu bezeichnen sind,
also der physische und inhaltliche Schutz der gespeicherten personen-

bezogenen Daten der Mitarbeiter.
PEDATIS hält systemimanent Datenschutzmaßnahmen bereit, die unter
den Oberbegriffen
1. Zugriffssicherung bei Dialogverkehr
2. Physische Datenbestandssicherung
3. Protokollierung
4. Schutz des logischen Datenbestandes
zusammenzufassen sind.

zu 1.
Alle Terminals sind abschließbar. Die Anwender - i. d. R. Mitarbeiter
des Personalwesens - müssen sich mittels eines nur ihnen bekannten
Codes identifizieren. Nach Anforderung bestimmter Daten und Formate
wird systemimanent die sachliche und regionale Zugriffsberechtigung
des Mitarbeiters und des benutzten Terminals geprüft, die auf einer
gesonderten und speziellen Sicherungen unterworfenen Datenbank gespeichert sind. Sämtliche nicht genehmigte Zugriffe werden protokolliert und sofort ausgedruckt bzw. einer Überwachungsstelle zur
Kenntnis gebracht.

zu 2.
Der physische Datenbestand wird durch regelmäßig, nach Wichtigkeit
zeitlich differenzierte Sicherheitskopien gewahrt. Weitere nicht
edv-technische Sicherheitsmaßnahmen (räumliche Zugangsberechtigung,
etc.) sind vorgesehen.

zu 3.
Alle Datenzugriffe werden durch das System protokolliert und auf
Mikrofiches archiviert. Protokolliert werden Datum, Uhrzeit, Bearbeiter, verwendetes Format und Terminal, sowie bei Datenänderungen
zusätzlich die alten Änderungsdaten, das Datum der letzten Änderung
und die Form der Bearbeitung (ändern, löschen, Neuzugang).

zu 4.
Der logische Datenbestand wird durch eine weitgehende Verschlüsselung

und die nicht sequentielle Verwaltung der Daten in logisch und
physisch unabhängigen Datenbanken gewährleistet. Die Daten sind
demzufolge ohne Programme bzw. Schlüssel (Personalnummer) nicht
bestimmten Personen zuordenbar.
Weiterhin verfügt das Unternehmen über vier hauptamtliche, nicht
weisungsgebundene (§ 28 Abs. 3 BDSG) Beauftragte für den Datenschutz
und eine "Kommission Datenschutz"[1], die die tägliche Arbeit des
Systems überwachen. Der Schwerpunkt ihrer Tätigkeit liegt im Bereich
der Entwicklung und Veränderungen des Systems. Sie bewältigen diese
Aufgaben in enger Kooperation mit der entsprechenden Fachabteilung
(hier SOP) und dem Betriebsrat.

5.2.4. PEDATIS und die Position des Betriebsrates

Die faktische Anerkennung des Betriebsrates als zweites Machtzentrum
der Volkswagenwerk AG führt zur, auch über den Rahmen des Betr.Verf.G.
hinausgehenden Gewährung von Beteiligungsrechten zum frühestmöglichen
Zeitpunkt. PEDATIS betreffend wurde der Betriebsrat in der Planungsphase des Systemvorhabens informiert. Praktisch läuft die Zusammenarbeit mit dem Betriebsrat in den Stufen
- formlose Erwähnung des Projekts,
- Kontakt nach Abschluß der Grobplanung, der Feinplanung und den
  Testläufen
ab. Sie ist als permanenter Verhandlungsprozeß zu interpretieren.
Nach Einführung des Systems nimmt der Betriebsrat Kontrollrechte wahr.
Seit 1980 geschieht dies auf der Basis der geschlossenen Betriebsvereinbarungen.[1] Zusammenfassend kann festgestellt werden, daß es
seitens des Betriebsrates keine bzw. unwesentliche Einwände gegen
PEDATIS gab. Die Unternehmensleitung führt diese Tatsache haupt-
sächlich auf die vertrauensvolle Zusammenarbeit im Hause zurück.
Beachtung sollte der Zeitpunkt der Einführung (1975!) finden, da zu

---

1) siehe auch die im Anhang abgedruckte Betriebsvereinbarung der
   Volkswagenwerk AG

vermuten ist, daß das Problembewußtsein der Arbeitnehmer und ihrer Vertretung zu diesem Zeitpunkt nicht so stark ausgeprägt war wie heute (vgl. z. B. die Auseinandersetzungen bei Opel (PAISY) oder Daimler Benz (ISA)). Andererseits spricht das vergleichbare Verhalten des Betriebsrates (1985) im Fall des zur Zeit geplanten Personalplanungssystems gegen die oben geäußerte Vermutung.

5.2.5. PEDATIS und seine Auswirkungen

"(...) PEDATIS hat sich als praktikabel und stabil erwiesen und hat somit die Erwartungen erfüllt. Die verschiedenen Fachabteilungen haben das System akzeptiert; entsprechende organisatorische Veränderungen werden sukzessive vollzogen." (BLEIL/KORB 1977, S. 23). So lautet das Fazit von an der Entwicklung entscheidend beteiligten Mitarbeitern des Unternehmens. Im einzelnen sind
- die Verbesserung des personenbezogenen Datenschutzes,
- die Steigerung der Aktualität und Verfügbarkeit aller benötigten Daten,
- die exaktere und schnellere Lohn- und Gehaltsabrechnung,
- die Verringerung terminlich begrenzter Spitzenbelastungen der Mitarbeiter des Personalwesens,
- die allgemeine Erhöhung des Informationsgrades und
- Rationalisierungsvorteile (besonders bzgl. der Standardisierung des Formular- und Bescheinigungswesens)

zu nennen. Besondere Bedeutung kommt der Tatsache zu, daß sich die Arbeitsweise gewandelt hat (Verwendung von Bildschirmen in Form von Mischarbeitsplätzen), die Arbeitsinhalte jedoch im wesentlichen die Gleichen geblieben sind. Negative Auswirkungen auf die Mitarbeiter wurden nicht geäußert, zumindest war es nicht bekannt.

Abschließend soll kritisch angemerkt werden, daß nach Aussagen des Vertreters des Unternehmens PEDATIS derweilen eine "gewisse Eigendynamik" entwickelt hat, d. h. letztlich unersetzbar geworden ist.

5.3. Der Vergleich der vorgestellten Personalinformationssysteme - Parallelen und Unterschiede

Vorab sei angemerkt, daß die vorgestellten PIS (PEDATIS und PAS) sich in ihrer konkreten Ausgestaltung unterscheiden, hinsichtlich ihrer grundsätzlichen (aufgabenorientierten) Ausrichtung jedoch weitgehende Ähnlichkeiten aufzuweisen haben. Den Vergleich der beiden Systeme werde ich in Anlehnung an die zur Beschreibung genutzten Kriterien (siehe Gliederungspunkt 5. dieser Arbeit) durchführen. Konstatierte Abweichungen und/oder Übereinstimmungen bzw. Ähnlichkeiten werde ich aufzeigen und kurz aus meiner Sicht begründen.

Ausgangssituation
Die Ausgangssituation beider Unternehmen ist vergleichbar. Es bestand ein selbsterstelltes teilweise edv-gestütztes System für den Bereich der Personaladministration, das den stetig wachsenden externen und internen Anforderungen nicht mehr ökonomisch sinnvoll angepaßt werden konnte. In beiden Fällen wurde die Notwendigkeit, das bestehende System grundlegend zu erneuern, frühzeitig erkannt.

Zielsetzung
Pauschal kann die Zielsetzung beider Unternehmen etwa gleichlautend wie folgt beschrieben werden: Das zu entwickelnde bzw. zu beschaffende PIS muß primär für die Bewältigung der administrativen Aufgaben (gesetzlich fixierte Informationserfordernisse, Lohn- und Gehaltsabrechnungen, Statistiken, etc.) geeignet sein, d. h., es muß vorhandene Rationalisierungspotentiale ausnutzen (ökonomische Komponente) und somit den Mitarbeitern des Personalwesens die Möglichkeit eröffnen, sich verstärkt der Personalbetreuung zu widmen (soziale Komponente). Dispositive Verwendungsmöglichkeiten stellten keinen relevanten Entscheidungsparameter dar. Unter Berücksichtigung der Ausgangssituation - es handelt sich letztlich um Ersatzbedarf - erscheint die Zielsetzung plausibel.

Wege der Zielerreichung

Es wurden unterschiedliche Wege zur Zielerreichung gewählt. Die grundlegend zu treffende Entscheidung, ob ein PIS im Hause entwickelt oder vom Softwaremarkt beschafft wird, ist primär unter ökonomischen Gesichtspunkten (Kosten der Beschaffung bzw. Entwicklung, der Einführung und Systempflege, etc.) zu betrachten. Des weiteren müssen vorhandene personelle Kapazitäten (hinsichtlich der Qualifikation, etc.) sowie technische (vorhandene Anlagenkonfiguration, etc.) und organisatorische Gegebenheiten berücksichtigt werden. Unter diesen Prämissen wurde im Hause Volkswagen die Entscheidung für die Eigenentwicklung, im Hause Reemtsma für die Fremdbeschaffung (Kauf) getroffen. M. E. stellt die Größe des Unternehmens und die daraus resultierenden Vorteile (z. B. Kostendegression pro Mitarbeiter) und personellen Kapazitäten (z. B. das Vorhandensein einer eigenständigen Abteilung System Organisation Personal (SOP) im Hause Volkswagen) eine wesentliche Determinante der Entscheidung Kauf/Eigenentwicklung dar.

Meine These lautet demzufolge:

Je größer (gemessen an der Mitarbeiterzahl) ein Unternehmen ist, desto größer ist die Tendenz zur Eigenentwicklung eines Personalinformationssystems.

Einführung und Betrieb des PIS

Die gewählten Einführungsstrategien der untersuchten Unternehmen waren unterschiedlich. Im Hause Volkswagen wurde das PIS stufenweise (bzgl. der in das System integrierten Aufgaben und des räumlichen Einsatzes in den einzelnen Produktionsstätten) eingeführt, nachdem entsprechend vorgeschaltete regional begrenzte Testphasen abgeschlossen waren. Im Hause Reemtsma hingegen bevorzugte man die vollständige Einführung zu einem Zeitpunkt. Die unterschiedlichen Strategien können zum einen durch die Entscheidung für den Kauf bzw. die Eigenentwicklung begründet werden. Es entspricht dem Wesen eines Standardsoftware Pakets, sofort einsatzfähig zu sein, da es sich i. d. R. um erprobte Programme handelt. Zum anderen stellt die Komplexität, d. h. die angestrebte Anzahl der vom System edv-gestützt

zu bewältigenden Aufgaben, des PIS eine wesentliche Begründung für
die Einführungsstrategie dar. Wie oben beschrieben erscheint PEDATIS
bzgl. der Aufgabenvielfalt erheblich komplexer als PAS, so daß die
Wahl unterschiedlicher Strategien einsichtig ist. Gemeinsam ist
beiden Systemen die Entscheidung für den Online-Betrieb in Form von
Mischarbeitsplätzen. Höhere Aktualität, Flexibilität und die Möglichkeit
des sofortigen Zugriffs auf vorhandene Informationen begründen
die Entscheidung. Verfahren der Stapelverarbeitung stehen
für seltene Aufgaben zur Verfügung.

Meine These zur Einführung von PIS lautet:
Je mehr Aufgaben edv-gestützt bearbeitet werden sollen bzw. in das
PIS integriert werden sollen und/oder je dezentraler die räumliche
Struktur des Unternehmens ist, desto stärker wird die Tendenz der
stufenweisen Implementierung.

Aufgaben

Wie einleitend bemerkt, sind beide PIS primär zur edv-gestützten
Bewältigung administrativer Aufgaben konzipiert und eingesetzt,
ihre potentiellen Einsatzmöglichkeiten überschreiten diesen Bereich
bei weitem. In bezug auf den qualitativen Einsatz, d. h. die Art der
integrierten Aufgaben weisen PAS und PEDATIS Ähnlichkeiten auf,
während hinsichtlich des quantitativen Einsatzes, d. h. der Anzahl
der integrierten edv-gestützten Aufgaben Unterschiede zu identifizieren
sind. Erklärtermaßen strebt Volkswagen die papier- bzw.
karteilose Personaladministration an. Demzufolge ist die Integration
aller, für die edv-gestützte Bearbeitung geeigneter Aufgaben die
konsequente Strategie zur Zielerreichung. Der personelle, zeitliche
und monetäre Aufwand sowie der Sachmitteleinsatz sind dementsprechend
hoch. Hingegen weist die konkrete Ausgestaltung von PAS eher auf die
bedarfsgerechte Einbeziehung der zur Zeit benötigten Aufgaben hin.
Erweiterungsmöglichkeiten, d. h. die Integration neuer Aufgaben in
das bestehende System, sind durch die Konzeption der Standardsoftware
(PAISY) gewährleistet. Personeller, zeitlicher und monetärer Aufwand
verringern sich entsprechend.

Die geäußerte Hypothese, daß die unterschiedliche Größe (gemessen an der Zahl der Mitarbeiter) der Untersuchungseinheiten einen höheren Nutzungsgrad der potentiellen Anwendungsmöglichkeiten des implementierten Systems impliziert, muß differenziert werden. Bezogen auf den qualitativen Einsatz der PIS kann die Aussage nicht bestätigt werden, während hinsichtlich des quantitativen Einsatzes m. E. die Fallstudien einen derartigen Trend erkennen lassen. Meine These lautet daher:
Je größer die Anzahl der mittels eines PIS verwalteten Mitarbeiter ist, desto stärker ist die Tendenz, alle, der edv-gestützten Bearbeitung zugänglichen Aufgaben der Personaladministration zu integrieren.

Einbindung in das betriebliche Informationsgefüge
Die vergleichbare Einstellung beider Unternehmen zur strukturellen Konzeption aller betrieblichen Informationssysteme bzw. der einzelnen Informationssysteme des Personalbereichs ist erwähnenswert. Der Entwicklung bzw. dem Betrieb von unabhängigen, eigenständigen Informationssystemen (z. B. PIS, Zeiterfassungssystem, Telefonüberwachung, etc.) und deren Verbindung durch maschinelle Schnittstellen wurde in beiden Fällen eindeutig der Vorrang eingeräumt. Die Zahl der Schnittstellen soll sich in einem überschaubaren Rahmen bewegen.
An dieser Stelle möchte ich einen Gedanken von ORTMANN 1984 einfügen. Er vertritt die Meinung, daß die einmal getroffene Entscheidung für den Einsatz der EDV die Integration der bestehenden Einzelinformationssysteme auf der nächsthöheren Ebene, d. h. die Entstehung eines komplexeren, umfassenderen Systems, zur Folge hat. Er bedient sich des Bildes des "Entscheidungskorridors", der begrenzt durch personelle und organisatorische Barrieren und die "Eigenschaft einer Einbahnstraße" den zwanghaften Weg zur schrittweisen Entwicklung eines Management - Informations - Systems (MIS) aufzeigt. So wäre nach Meinung ORTMANN's das Entstehen eines "Produktions - Personal - Steuerungs - Systems" die zwanghafte Folge der Einführung bzw. des Betriebs von PIS und/oder edv-gestützter Produktionstechnologie (vgl. ORTMANN 1984, S. 84 ff).

Folgt man der These von ORTMANN und bezieht sie auf die einzelnen Teilinformationssysteme des Personalbereichs, so würde die von den Unternehmen verfolgte Strategie zwangsläufig zur Entstehung eines umfassenden komplexen PIS führen, das den legitimen Interessen und Schutzbedürfnissen aller Beteiligten und Betroffenen in keiner Weise genügen könnte. In beiden Fallstudien finden sich m. E. keine Anhaltspunkte, die diese These bestätigen können. Die Aussage unterschätzt den Einfluß rechtlicher (gesetzliche Vorgaben), organisatorischer und finanzieller (auch die Informationstechnologie unterliegt Wirtschaftlichkeitsüberlegungen) Determinanten.

Meine These lautet:

Die Chance, Akzeptanz bei Beteiligten und Betroffenen zu erzeugen, wächst durch die Planung, Entwicklung und den Betrieb kleinerer, überschaubarer Informationssysteme bzw. wird durch eine hohe Komplexität solcher Systeme gehemmt.

Datenschutz

Sowohl PEDATIS als auch PAS gewährleisten einen hinreichenden Schutz personenbezogener Arbeitnehmerdaten durch technische und inhaltliche Datenschutzmaßnahmen. Dem vorsätzlichen Datenmißbrauch in Form der Verwendung kontextfremder Informationen bzw. deren Nutzung als Entscheidungsgrundlage kann grundsätzlich nicht durch technische Vorkehrungen begegnet werden.

Betriebsrat

Der Betriebsrat der Volkswagenwerk AG wurde zum frühestmöglichen Zeitpunkt (Planungsphase), der der Reemtsma KG letztlich erst nach der im Rahmen der Investitionsplanung getroffenen Entscheidung beteiligt. Obwohl unterschiedliche Strategien verwandt wurden, sind in beiden Fällen keine nennenswerten Widersprüche seitens des Betriebsrates zu vermerken. Dieses Ergebnis erscheint angesichts der Berichte in der Literatur [1] atypisch.

---

[1] Vgl. z. B. HELLER 1983 zur Auseinandersetzung bei Opel und HENSS/MIKOS 1984 mit diversen Beispielen

M. E. läßt nur die frühzeitige Beteiligung des Betriebsrates, also
die Anerkennung der legitimen Interessen der primär Betroffenen,
die Chance erwachsen, das PIS erfolgreich zu implementieren und
zu betreiben.

Meine These lautet daher:
Ein Systemvorhaben der Größenordnung, wie es die Einführung eines
PIS darstellt, kann nicht gegen den erklärten Willen der Arbeitnehmer
und ihrer Interessenvertretung erfolgreich durchgeführt werden.

Abschließend erklärten beide Unternehmen, daß die jeweils angestrebten
Ziele durch die Einführung und den Betrieb ihres PIS erreicht worden
wären, d. h., die Systeme arbeiten aus Sicht der Betreiber erfolgreich und effizient.

5.4. Personalinformationssysteme - Praxis versus Theorie

Um eventuell bestehende Defizite und/oder Gemeinsamkeiten von
"Praxis" und "Wissenschaft" bezüglich der Auseinandersetzung
mit der Problematik PIS aufzeigen bzw. identifizieren zu können,
erscheint es mir sinnvoll nochmals
- die Entwicklungsgeschichte von PIS,
- die Position der Praxis und
- die Position der Wissenschaft
pointiert zusammenzufassen. Aus dem Vergleich beider Positionen
werde ich die m. E. wesentlichen Defizite und die Anknüpfungspunkte
einer kooperativen Zusammenarbeit ableiten und aus meiner Sicht kurz
begründen.

Entwicklungsgeschichte
Die Entwicklung bzw. der Einsatz von Informationssystemen im Personalbereich, d. h. ihr Einsatz als Instrument der Personalverwaltung
- und in späteren Ausbaustadien der Personalführung - ist der betrieblichen Sphäre (Praxis) zuzuordnen. Die mit dem Einsatz der
EDV in den Bereichen Finanz- und Rechnungswesen, Produktion und
Materialwirtschaft gewonnenen Erfahrungen, sowie die spezielle

Entwicklung des Personalbereichs (wachsende Aufgabenkomplexität, etc. (vgl. Teil 2.1.1. der Arbeit)) forcierten die Entwicklung von Informationssystemen für den Personalbereich in der Praxis (vgl. ZANDER/DOMSCH 1977, S. 36). Die wissenschaftliche Auseinandersetzung, d. h., die Erarbeitung von Modellen und Konzeptionen bzw. einer theoretischen Grundlage setzte erst zu einem späteren Zeitpunkt intensiv ein. Ihr Verlauf ist im wesentlichen durch die Orientierung an den brisanten rechtlichen (Datenschutz und Betriebsverfassung) und gesellschaftspolitischen (allgemeine Diskussion über Auswirkungen neuer Technologien, etc.) Fragestellungen gekennzeichnet, die die betriebswirtschaftliche Komponente der Auseinandersetzung zunächst in den Hintergrund drängte.

Zusammenfassend kann demzufolge festgehalten werden, daß der Entwicklungsstand von Praxis und Wissenschaft unterschiedlich ist und weitgehend unabhängig voneinander vorangetrieben wird. Ebenso weisen die angesprochenen Disziplinen der Wissenschaft (Wirtschaftswissenschaften, Rechtswissenschaften, Psychologie, Soziologie bzw. deren relevante Teilgebiete) unterschiedliche Entwicklungsstände auf.

Position der Praxis

In den Unternehmen wurde die Entwicklung und der Einsatz von PIS unter der Prämisse eines entstehenden Ersatzbedarfs im Bereich der Personaladministration forciert betrieben (DOMSCH 1972 spricht in diesem Zusammenhang von einem bestehenden Sachzwang! (vgl. DOMSCH 1972, S. 13)). Neben einer Vielzahl von betrieblich individuellen Einzelzielen scheint der Forderung
- der am individuellen, interdisziplinär ausgerichteten Bedarf orientierten Ausgestaltung des PIS,
- der Ausnutzung vorhandener betrieblicher Rationalisierungspotentiale,
- der einfachen, flexiblen und zukunftssicheren Nutzung des PIS sowie
- der Berücksichtigung der individuellen Mitarbeiterinteressen (soziale Komponente)

zentraler Gehalt beigemessen zu werden. Die Verwendbarkeit für

dispositive Aufgabenfelder steht im Hintergrund und bildet kein
relevantes Entscheidungskriterium bei der Planung und Entwicklung
eines PIS (siehe z. B. die empirischen Belege bei KILIAN 1982b).
Insbesondere werden bestehende
- rechtliche (z. B. Datenschutz, Mitbestimmung, etc.),
- ökonomische und betriebswirtschaftliche (Wirtschaftlichkeitsüberlegungen in Form von Kosten-Nutzen-Analysen, etc.) und
- faktische (Fragen der Durchsetzbarkeit, Akzeptanz, also der
bestehenden Machtkonstellationen, etc.)
Restriktionen zu bedeutenden Entscheidungsparametern, da ihre Berücksichtigung für die erfolgreiche Durchführung der Reorganisations-
maßnahme substanziellen Charakter hat. Technische Restriktionen spie-
len i. d. R. keine entscheidende Rolle.
Der betrieblichen Entwicklung von PIS wird demzufolge ein inter-
disziplinäres Zielbündel zugrunde gelegt; denn nur solche Systeme
können erfolgreich implementiert und betrieben werden, die den
vielfältigen Anforderungen des komplexen Systems Unternehmen durch
Kompromisse zwischen den disziplinären Zielsetzungen genügen.
In einem Satz zusammengefaßt, orientiert sich die Praxis an der
individuell bedarfsgerechten, durchsetzbaren und ökonomisch sinnvollen Gestaltung der Systeme.

Die Position der Betriebswirtschaftslehre

Während sich die Praxis auf die Entwicklung und den Einsatz von
adminstrativen (Teil-)Informationssystemen beschränkt und nur
vereinzelt die Erweiterung auf dispositive Verwendung zu beobachten
ist, sind die Bemühungen der Betriebswirtschaftslehre (als Teil-
gebiet der Wissenschaft) durch den entgegengesetzten Verlauf gekennzeichnet. Anfänglich stand die Entwicklung umfassender, komplexer
in das betriebliche Informationsgefüge weitgehend integrierter PIS
und deren Integration in sogenannte MIS (Management-Informations-
Systeme) im Vordergrund. Nachdem diverse Einführungsversuche in der
Praxis gescheitert waren (vgl. ZANDER/DOMSCH 1977, S. 27), beschränkte
sich auch die Betriebswirtschaftslehre auf die **funktionsbereichsbezogene**

Erarbeitung von Teillösungen (PIS als autonome Informationssysteme).
Folgende Zielsetzungen dominierten:
- Die Entwicklung eines gedanklichen Bezugsrahmens für die edv-gestützte Personalarbeit und dessen Einordnung in das Systemgefüge Personalwesen (z. B. NÜSSGENS 1975, DOMSCH 1980),
- die Entwicklung neuer Verfahren, Methoden und Konzeptionen, die der edv-gestützten Verarbeitung zugänglich sind,
- die Anpassung personalwirtschaftlicher Instrumente an die edv-technischen Bedingungen und Voraussetzungen und
- die Entwicklung und Anpassung eines geeigneten Instrumentariums der Informationsgewinnung.

Der Entwicklung eines edv-geeigneten Instrumentariums lagen i. d. R. wirklichkeitsfremde, ökonomische (disziplinäre!) Einfachzielsetzungen zugrunde. Weitere Determinanten stellten die Kriterien wissenschaftlichen Arbeitens (Methodenreinheit, Wertneutralität, etc.) und der letztlich von der Ebene der MIS transformierte Anspruch auf vollständige, umfassende und komplexe Lösungen dar. Die Anforderungen der Praxis, die wie oben aufgezeigt bereichsübergreifenden Charakter besitzen, wurden häufig vernachlässigt.

Zusammenfassend kann festgehalten werden, daß sich die betriebswirtschaftliche Auseinandersetzung mit PIS an dem theoretisch und konzeptionell Machbaren orientierte und somit das Bild von hoch komplexen, zur umfassenden personalwirtschaftlichen Aufgabenlösung geplanten PIS entwirft.

Vergleicht man die oben sicherlich nur in ihrer vorherrschenden Tendenz pointiert beschriebenen Positionen, so ist m. E. pauschal das Problem mangelnder Koordination beider Bereiche zu identifizieren. Die ausgeprägte disziplinäre Orientierung der Betriebswirtschaftslehre führt wissenschaftsintern zu akzeptablen Ergebnissen. Bei dem Versuch, die entwickelten Verfahren und Konzeptionen in der von interdisziplinären Anforderungen und Bedingungen geprägten Praxis zu realisieren, d. h., sie einzuführen und anzuwenden, treten Schwierigkeiten auf, die ihren Ausdruck in mangelnder Akzeptanz finden. Die daraus erwachsende Forderung der Praxis, daß neue im

Bereich der Wissenschaft entwickelte Verfahren und Konzeptionen bedarfsgerechter konzipiert werden müssen, ist problematisch und zweischneidig. Einerseits ist es das Ziel der Wissenschaft, verwendungsfähige Aussagen zu machen und diese in der Praxis einzusetzen; andererseits würde eine ausschließlich bedarfsorientierte wissenschaftliche Auseinandersetzung mit der Problematik zu nicht erwünschten "Auftragsproduktionen" führen, die Universitäten und Forschungsstätten zu abhängigen Entwicklungszentren der Wirtschaft degradieren würden. Beide Formen ("Auftragsproduktionen" und vom faktischen Bedarf völlig losgelöste Auseinandersetzung) sollen und dürfen nicht angestrebt werden. Die angerissene Problematik ist nicht spezifisch für PIS, sondern genereller Natur und soll hier nicht weiter vertieft werden.

Ein weiteres Problem besteht seitens der Praxis in der mangelnden Verfügbarkeit entsprechend qualifizierter Mitarbeiter, so daß die Realisierung prinzipiell verwendbarer Neuerungen aus dem Bereich der Wissenschaft häufig aus personellen bzw. fachlichen Gründen nicht durchgeführt werden kann, obwohl dies wünschenswert erscheint.

Da es sich nach meiner Auffassung in erster Linie um ein Problem mangelnder Koordination handelt, sollten verstärkt Anstrengungen und Maßnahmen getroffen werden, die eine kooperative Zusammenarbeit beider Gebiete ermöglichen. Fachforen und -tagungen - wie sie in jüngerer Vergangenheit bsw. von der DGFP und einigen deutschen Universitäten durchgeführt wurden - fördern den Dialog und erscheinen grundsätzlich geeignet. Eine weitere Möglichkeit sehe ich in der zeitlich begrenzten Beteiligung von wissenschaftlichen Fachvertretern an konkreten Projekten der Praxis. Organisatorisch wäre die Zusammenarbeit durch die Voll- oder Teilzeit-, aber terminlich begrenzte Mitgliedschaft der unternehmensexternen Fachvertreter in Projektteams zu realisieren.[1] Dies würde einerseits zur Öffnung der Praxis in

---

[1] Vgl. z. B. das Konzept der miteinander vermaschten Planungsteams der Gebr. SCHNELLE in: STAEHLE 1985, S. 462 ff.

Richtung Wissenschaft beitragen und zum anderen der Wissenschaft die Chance eröffnen, ihre Auseinandersetzung an real bestehenden Anforderungen zu orientieren und zu messen.

5.5. Zusammenfassung

Mittels einer vergleichenden Fallstudie wurden zwei in Anwendung befindliche PIS vorgestellt. Der direkte Vergleich der Fallstudien ließ eine grundsätzlich ähnliche aufgabenorientierte Ausrichtung auf den Bereich der Personaladministration erkennen. Dieses Ergebnis deckt sich mit den Aussagen der bestehenden empirischen Erhebungen (vgl. KILIAN 1982b, S. 43, MÜLDER 1984, S. 153, ORTMANN 1984, S. 30 ff). Der praktische Wert der Trennung in Aufgaben administrativer und dispositiver Art muß bezweifelt werden; ihr ist nur analytischer Wert beizumessen, da in der Praxis keine überschneidungsfreie Abgrenzung möglich ist. Demzufolge sind alle Aussagen, denen diese Trennung zugrunde liegt, nur tendenzieller Natur. Als weiteres Ergebnis kann die unterschiedliche Entwicklung von Wissenschaft und Praxis bzgl. PIS angeführt werden, die sich aus der Konfrontation der theoretischen Aussagen und der Fallstudien ergaben. Während die Praxis bedarfsorientierte "maßgeschneiderte" Systeme für den Bereich der Personaladministration entwickelte und einsetzt, lag der Schwerpunkt wissenschaftlicher Entwicklungen auf den dispositiven Verwendungsmöglichkeiten. Erste Versuche der Koordination zum Zwecke der kooperativen Zusammenarbeit sind in Form von Fachtagungen und -foren durchgeführt worden.

6. SCHLUßBETRACHTUNG UND AUSBLICK

PIS haben sich in den letzten Jahren zu einem unverzichtbaren Instrument moderner, zeitgemäßer Personalarbeit entwickelt. Sie **lassen sich** grob in Systeme der <u>administrativen</u> und <u>dispositiven</u> Aufgabenerfüllung unterteilen. Die Systeme für Aufgaben administrativer Art (Lohn- und Gehaltsabrechnung, Statistik und Meldewesen) haben einen sehr hohen Verbreitungsgrad in Wirtschaft und Verwaltung erreicht und sind derweilen zwischen allen beteiligten Parteien im wesentlichen unumstritten.

Hingegen steht die Verwendung von PIS als Instrumente der Planung und Entscheidungsunterstützung nach wie vor im Brennpunkt der öffentlichen und fachlichen Auseinandersetzung. Die Fronten zwischen den betrieblichen Sozialpartnern (Gewerkschaften, Betriebsräte und Arbeitgeber und ihre Verbände) sind klar und alle denkbar möglichen Argumente sind hinreichend artikuliert. Sie reichen von der Forderung nach einem gesetzlichen Verbot von PIS bis hin zu der Betonung der objektiven Notwendigkeit der Systeme.

Auch wenn aufgrund bestehender betrieblicher Restriktionen der Einsatz von Personal<u>administrations</u>systemen vorherrscht, so ist die Tendenz, die Systeme weiterzuentwickeln, unverkennbar. Viele dispositive Aufgabenfelder der Personalarbeit sind grundsätzlich der edv-gestützten Bearbeitung zugänglich. Um die potentiell vorhandenen Anwendungsmöglichkeiten der Systeme nutzen zu können, bedarf es des Dialogs und entsprechender Vereinbarungen zwischen den Sozialpartnern. Die Form der Betriebsvereinbarung bietet hier die entsprechende Lösungsmöglichkeit. <u>Im Konsens mit den Arbeitnehmervertretern können PIS m. E. zu modernen sinnvollen Führungsinstrumenten der Unternehmen werden.</u> Entscheidende Randbedingungen stellt der verantwortungsvolle Umgang mit dem System seitens der Unternehmensleitung dar, oder kurz formuliert: Der Instrumentalcharakter von PIS muß stets eindeutig gewahrt bleiben.

Anhang

A. Gesprächsleitfaden für die Fallstudien

1. Kurzbeschreibung der Diplomarbeit
2. Daten des befragten Unternehmens
    - Umsatz, - Branche, - Mitarbeiterzahl, - Rechtsform,
    - Aufbauorganisation, - Mitbestimmungsmodell,
    - Beschäftigte in der Personalabteilung, - etc.

3. Personalinformationssystem
    A. Fragenbereich Allgemeine Informationen
        - **Wird** ein PIS verwandt?   ja/nein
        - **Welches** System wird verwandt?   eigene Entwicklung/gekauft
        - **Wenn** gekauft, welches?   Name:
        - **Seit** wann wird mit dem System gearbeitet?
        - **Ist** es möglich, eine Systembeschreibung zu erhalten?
        - **Auf** welcher betrieblichen Ebene wird das PIS eingesetzt?
          Konzern/Einzelbetrieb/...
        - **Für** welche Mitarbeiter wird das System eingesetzt?
          Angestellte/Arbeiter/ Leitende Angestellte/...
        - **Ist** das System komplett ausgebaut?
        - **Soll** das System weiter ausgebaut werden?
        - **Wenn** ja, wie?

    B. Fragenbereich Aufgaben des PIS
        - **Welcher** Art sind die Aufgaben? administrativ/dispositiv/
          beide Bereiche
        - **Aus** welchem Grund wurde das System eingeführt bzw. welcher
          Zweck wurde verfolgt?
        - **Welche** Aufgaben übernimmt das System bzw. soll es in
          Zukunft übernehmen?
        - **Welche** Anforderungen wurden an dda einzuführende System ge-
          stellt, z. B. beliebige Kombination von Daten und Auswertungen
          (freie Suchfragen)?
        - **Werden** Daten nach DEVO/DÜVO automatisch übermittelt/erfaßt?

- Enthält das System Arbeitsplatzprofile (Stellenbeschreibungen)?
- Enthält das System Qualifikationsprofile?
- Werden diese zu Zwecken der automatisierten Entscheidungsvorbereitung in der Personalplanung eingesetzt oder ist dies beabsichtigt?

C. Fragenbereich Daten
  - Wieviele Daten pro AN werden gespeichert?
  - Woher werden die Daten bezogen (intern/extern)
    Personalakte, Fragebogen, Befragung/Arbeitsamt,
    alte Arbeitgeber, etc.?
  - Welche Daten werden fortlaufend erfaßt?
    (Arbeitszeiterfassung, Betriebsdatenerfassung, Zugangskontrollen, Telefonüberwachung, andere Arbeitsablaufkontrollen)
  - Werden Mitarbeiterbeurteilungen erfaßt?
  - Unterliegt die Speicherung einer zeitlichen Begrenzung?
  - Erfolgt nach Ablauf dieses Zeitraums automatisch die Löschung?
  - Ist festgelegt, welche Daten gespeichert werden dürfen
    (Positiv- bzw. Negativkatalog)?
  - Wer ist zugriffsberechtigt?
  - Zu welchen Daten hat der direkte Vorgesetzte Zugriff?
  - Wie wird die Zugriffsberechtigung verteilt, wer legt sie fest?
  - Datensicherung

D. Fragenbereich Betriebsrat
  - Ist der Betriebsrat bei der Planung bzw. Einführung des Systems beteiligt worden?
  - Wie wird der BR beteiligt?
  - Äußerte der BR Bedenken gegen die Einführung;
  - Welche?
  - Wurde eine Betriebsvereinbarung geschlossen?
  - Wird dem BR ein Zugriffsrecht auf das PIS gewährt?

E. Fragenbereich Informationsrechte der Mitarbeiter
  - Haben die Mitarbeiter ein Einsichtsrecht zu den über sie gespeicherten Daten?

- In welcher Form werden Einrichtsrechte gewährt?
- Wurden die Mitarbeiter bei der Einführung des PIS über die automatische Verarbeitung ihrer Daten informiert?
- Kann der BR bei Einsicht des Arbeitnehmers in seine Daten hinzugezogen werden?

F. Fragenbereich Datenschutz und Datenschutzbeauftragter
- Gibt es in Ihrem Unternehmen einen Beauftragten für den Datenschutz?
- Ist dieser hauptamtlich/nebenamtlich/extern?
- Ist die Zusammenarbeit mit dem BR vorgesehen?
- Worin besteht die primäre Aufgabe?
- Über welche Qualifikation verfügt der Beauftragte für den Datenschutz?
- Reichen die bestehenden Datensicherungsbestimmungen ihrer Meinung nach aus?
- Ist der Beauftragte für den Datenschutz schon einmal im Konfliktfalle tätig geworden?

G. Fragenbereich Einbindung in das betriebliche Informationsgefüge
- Ist das PIS als unabhängiges System konzipiert Insellösung/integriert in ein MIS?
- Welche Schnittstellen bestehen?
- Welche Systeme sind um das PIS implementiert?
- Ist die Integration zu einem komplexen System geplant?
- Aus welchem Grund wurde diese Organisationsform gewählt?

H. Fragenbereich Auswirkungen des PIS Gesichtspunkt Kosten-Nutzen-Analyse
- Welche Auswirkungen haben sich durch die Einführung des PIS in Ihrem Unternehmen ergeben? (Verbesserung der Entscheidungsgrundlage, Verbesserung der Transparenz von Personalentscheidungen, Anwendung rationeller Verfahren im Personalbereich, Schnellere bzw. bessere Verfügbarkeit von Personaldaten, Humanisierung der Arbeit, Personalkostenabbau in der Personalabteilung, etc.)

- Können Maßnahmen getroffen werden, die in Abwesenheit des PIS nicht möglich waren?
- Ist eine Kosten-Nutzen-Analyse durchgeführt worden?
- In welcher Phase Planungs-, Einführungs- oder/und Betriebsphase?
- Wurden nur quantifizierbare Nutzen aufgenommen?

B. Betriebsvereinbarung der Volkswagenwerk AG Wolfsburg zum Personenbezogenen Datenschutz und zur Unterrichtung und Beratung über Systemvorhaben der Informationsverarbeitung

BETRIEBSVEREINBARUNG: PERSONENBEZOGENER DATENSCHUTZ

Zwischen Vorstand und Gesamtbetriebsrat der Volkswagenwerk AG wird vereinbart:

§ 1 Geltungsbereich

Diese Vereinbarung gilt für alle personenbezogenen Daten gegenwärtiger, ehemaliger oder in Betracht kommender künftiger Arbeitnehmer der Volkswagenwerk AG einschließlich ihrer Familienangehörigen, soweit diese Daten

- unter Anwendung von PEDATIS,
- unter Anwendung anderer automatisierter Informationssysteme oder
- durch nicht automatisierte Verfahren

verarbeitet, d. h. in Dateien gespeichert, verändert, gelöscht oder aus Dateien übermittelt werden.

Im vorstehenden Sinne ist

- Speichern: das Erfassen, Aufnehmen oder Aufbewahren von Daten auf einem Datenträger zwecks weiterer Verwendung,
- Verändern: das inhaltliche Umgestalten gespeicherter Daten (einschließlich des Verknüpfens mit anderen Daten),
- Löschen: das Unkenntlichmachen gespeicherter Daten,
- Übermitteln: das Bekanntgeben von Daten an Dritte.

Diese Vereinbarung gilt im vorstehend festgelegten Rahmen auch für

- personenbezogene Daten in als Sachdateien bezeichneten Datensammlungen einschließlich betrieblich ermittelter Sachinformationen, die sich auf bestimmte Personen beziehen,
- außerhalb des Unternehmens befindliche personenbezogene Daten, auf welche von der Volkswagenwerk AG direkt oder indirekt zugegriffen werden kann.

Diese Vereinbarung erstreckt sich nicht auf Daten, die von der Volkswagenwerk AG für fremde Zwecke im Auftrag verarbeitet werden und dem Zugriff der Volkswagenwerk AG entzogen sind.

§ 2 Systemdarstellung

Der Vorstand verpflichtet sich, dem Gesamtbetriebsrat vor Erweiterung von PEDATIS oder vor Einführung oder Erweiterung anderer Systeme zur Verarbeitung personenbezogener Daten rechtzeitig eine umfassende Darstellung zur Verfügung zu stellen und den Gesamtbetriebsrat über die Durchführung zu unterrichten.

Rechte des Betriebsrats zur Nutzung oder Auswertung von PEDATIS werden dadurch nicht ausgeschlossen.

§ 3 Verarbeitung personenbezogener Daten, Information und Auskunft

Die Verarbeitung personenbezogener Daten ist nur im Rahmen der Zweckbestimmung des Arbeitsverhältnisses zulässig. Soweit die Verarbeitung in der Übermittlung personenbezogener Daten an Dritte besteht, ist außerdem die Zustimmung des Betriebsrats erforderlich. Unberührt bleibt die Verarbeitung einschließlich der Übermittlung, soweit der Vorstand hierzu kraft Gesetzes verpflichtet ist oder der Betroffene eingewilligt hat.

Vorstand und Betriebsrat sind verpflichtet, den im § 1 bezeichneten Personenkreis vor Beeinträchtigungen und Gefährdungen aus der Verarbeitung personenbezogener Daten zu schützen und jede unzulässige Verarbeitung von personenbezogenen Daten zu unterlassen.

Dateien mit personenbezogenen Daten und die Arten der in PEDATIS enthaltenen personenbezogenen Daten werden in einem gesondert zu vereinbarenden Verzeichnis aufgeführt, das bei Bedarf vom Beauftragten für den Datenschutz nach Abstimmung mit der Kommission Datenschutz nach § 5 zu aktualisieren ist. Ausfertigungen dieses Verzeichnisses in der jeweils gültigen Fassung liegen bei den Personal- und Sozialwesen der Werke sowie bei den Betriebsräten zur Einsicht aus.

Angehörige des im § 1 bezeichneten Personenkreises können im Rahmen der gesetzlichen Bestimmungen Auskunft über die zu ihrer Person gespeicherten Daten verlangen. Werden die Daten automatisch verarbeitet, kann der Betroffene auch Auskunft über die Datenempfänger verlangen, an die seine Daten regelmäßig übermittelt werden. Auskünfte werden unentgeltlich erteilt.

Bei Verstößen finden die §§ 41, 42 BDSG und die einschlägigen Schadensersatzvorschriften Anwendung.

§ 4 Beauftragter für den Datenschutz

Bei Einstellung oder personellen Veränderungen des Beauftragten für den Datenschutz nach § 28 BDSG sind die Rechte des Betriebsrats zu wahren.

Der Beauftragte für den Datenschutz unterrichtet den Gesamtbetriebsrat im Auftrag des Vorstands über seine Tätigkeit.

§ 5 Kommission Datenschutz

Es wird eine "Kommission Datenschutz" gebildet.

Der Kommission gehören an:

- 7 vom Gesamtbetriebsrat zu benennende Mitglieder,
- der Beauftragte für den Datenschutz der Volkswagenwerk AG
- der Bereichsbeauftragte für Datenschutz des Geschäftsbereiche Personal- und Sozialwesen,
- der Leiter der Systemorganisation Personal,
- ein Vertreter des Zentralen Personal- und Sozialwesens.

Die Kommission berät unbeschadet der Informationsrechte des Gesamtbetriebsrats gemäß §§ 2 und 4 und unbeschadet der Verantwortung des Beauftragten für den Datenschutz folgende Themen:

- Fragen, die sich aus der Durchführung dieser Betriebsvereinbarung ergeben,
- Inhalt eventuell notwendiger Ergänzungen dieser Betriebsvereinbarung,
- Durchführung des Bundesdatenschutzgesetzes bei der Volkswagenwerk AG,
- Systemdarstellung und Vorinformation zu PEDATIS und anderen Systemen gemäß § 2,
- Datenschutz- und Datensicherungsmaßnahmen bezüglich personenbezogener Daten,
- sonstige Fragen des Datenschutzes.

§ 6 Schlußbestimmungen

Das Bundesdatenschutzgesetz findet Anwendung, soweit nicht diese Betriebsvereinbarung speziellere Bestimmungen enthält, die für den im § 1 bezeichneten Personenkreis günstiger sind.

Diese Vereinbarung tritt am 16.07.1979 in Kraft.

Quelle: KILIAN 1982b, S. 311 und 312

BETRIEBSVEREINBARUNG ZUR UNTERRICHTUNG UND BERATUNG ÜBER SYSTEMVORHABEN DER INFORMATIONSVERARBEITUNG IN DER VOLKSWAGENWERK AG

Zwischen Vorstand und Gesamtbetriebsrat der Volkswagenwerk AG wird das Verfahren der Unterrichtung über die Planung von Systemen der Informationsverarbeitung und der Beratung der sich daraus ergebenden Rationalisierungsmaßnahmen wie folgt vereinbart:

1. Der Betriebsrat wird über die Planung der Systeme rechtzeitig und umfassend anhand von Unterlagen unterrichtet.

2. Die Unterrichtung beginnt mit der Erläuterung der Vorhaben, die im Kalenderjahr begonnen werden (Rahmenplan). Sie wird fortgesetzt mit der Unterrichtung über das Grobkonzept als Ergebnis der Problemanalyse.

   Sind zu diesem Zeitpunkt die unter Ziffer 3 genannten Punkte noch nicht im vollen Umfang darstellbar oder ergeben sich dazu später Änderungen, so wird darüber in den folgenden Planungsphasen weiter unterrichtet. Unterrichtung und Beratung finden so rechtzeitig statt, daß Anregungen und Bedenken des Betriebsrates noch in der Planung berücksichtigt werden können. Der Betriebsrat teilt seine Stellungnahmen in einer angemessenen Zeit mit.

3. Bei der Unterrichtung und Beratung muß erkennbar sein, welche arbeitstechnischen, organisatorischen und/oder personellen Veränderungen beabsichtigt sind und wie sie durchgeführt werden sollen.
   Die Unterlagen sollen insbesondere über folgendes Auskunft geben:
   - die Zielsetzung und den wirtschaftlichen Umfang des Systems
   - die sich aus dem System ergebenden direkten und indirekten Rationalisierungsmaßnahmen mit personellen Auswirkungen
   - das Ausmaß der Auswirkungen auf die bisherigen Aufgaben und Arbeitsplätze
   - die Veränderung der Arbeitsbedingungen (der Arbeitsqualität, des Arbeitsablaufes und der Arbeitsplatzgestaltung)
   - den arbeitsplatzbezogenen Sachmitteleinsatz
   - die betroffenen Werke, Abteilungen und Arbeitsplätze.

   Die entsprechenden Unterlagen werden dem Betriebsrat rechtzeitig übergeben.

4. Sind im Rahmen der Entwicklung eines Systems unternehmensseitig Tests zur Sammlung von Kenntnissen für die Gestaltung von Arbeitsablauf und Arbeitsplatz geplant, so werden Art und Weise sowie Ergebnisse des Tests mit dem Betriebsrat beraten. Ziffer 2 Abs. 2 Satz 2 und 3 gelten entsprechend.

5. Die Unterrichtung und Beratung über den Rahmenplan und über werksübergreifende Systemvorhaben werden mit dem Gesamtbetriebsrat, bei auf ein Werk bezogenen Systemen mit dem Betriebsrat des betreffenden Werkes durchgeführt.

6. Für die Unterrichtung und Beratung über alle Systemvorhaben ist die Organisation unter Beachtung der Zuständigkeiten des Personal- und Sozialwesens federführend. Die Unterrichtung über Systemvorhaben der Geschäftsbereiche erfolgt durch die zuständigen Systemanalysen, wobei die Organisation die Einordnung der Einzelvorhaben in den Unternehmenszusammenhang vertritt.

7. Die Betriebsvereinbarung tritt am 1. Juni 1980 in Kraft. Sie kann mit einer Frist von 3 Monaten zum Ende eines Kalenderjahres schriftlich gekündigt werden.

Wolfsburg, den 9. Juni 1980

Quelle: KILIAN 1982b, S. 313

C. Musterbetriebsvereinbarung "Schutz von personenbezogenen Daten beim Einsatz des Personaldatensystems und anderer Informationssysteme" der ÖTV

Betriebsvereinbarung
über Schutz von personenbezogenen Daten beim Einsatz des Personaldatensystems ... und anderer Informationssysteme, die derartige Daten enthalten

zwischen
Geschäftsleitung der ...
und
Gesamtbetriebsrat der ...

1. **Grundsätze**

    1.1 Die Verwendung personenbezogener Daten ist nur zulässig, soweit es zum Erreichen der Zweckbestimmung des Arbeitsverhältnisses erforderlich ist. Eine darüber hinausgehende Verwendung bedarf einer Abrede. Schutzwürdige Belange der Betroffenen dürfen nicht beeinträchtigt werden.

    1.2 Die interne Verfügbarkeit und Benutzung von personenbezogenen Daten ist auf solche Personen beschränkt, die sie zur Erfüllung ihrer Aufgaben benötigen.

2. **Geltungsbereich**

    2.1 Diese Vereinbarung betrifft
    - Mitarbeiter, die einen Arbeitsvertrag mit der ... haben und
    - Mitarbeiter, die bei der ... beschäftigt sind,

    soweit deren Daten in Systemen der ... verwendet werden.

    2.2 Personenbezogene Daten im Sinne dieser Vereinbarung sind Daten, die sich auf gegenwärtige und ehemalige Mitarbeiter der ..., einschließlich ihrer Familienangehörigen beziehen oder auf sie bezogen werden können.

3. **Zentrales Personaldatensystem ...**

    3.1 Anlage 1 dieser Betriebsvereinbarung enthält eine Aufstellung aller im ... gespeicherten personenbezogenen Datenelemente, einschließlich ihrer speziellen Verwendungszwecke sowie die zur Erfassung verwendeten Belege. Soweit wegen der Vielzahl der vorgesehenen Verwendungsarten eine abschließende Beschreibung des Verwendungszweckes nicht möglich ist (z. B. bei Geburtsdatum), genügt die Angabe des allgemeinen Verwendungszwecks. Die Verwendung der Daten ergibt sich aus den gemäß Ziffer 3.3 zur Verfügung gestellten Unterlagen.

    3.2 Sollen nach Inbetriebnahme von ... personenbezogene Datenelemente verändert oder neue aufgenommen werden, so ist dies dem Gesamtbetriebsrat mit Angabe der geplanten Verwendungszwecke mitzuteilen. Widerspricht dieser nicht innerhalb von 2 Wochen nach der nächsten ordentlichen Sitzung, so gilt dies als die erforderliche Zustimmung.

    3.3 Der Gesamtbetriebsrat wird über die Verwendung der Daten durch die Zurverfügungstellung von nachstehenden Unterlagen informiert:

    3.3.1 Derzeitiges ... Handbuch einschließlich Änderungsdienst (Anlage 1).

    3.3.2 Liste der Zugriffsberechtigten zu den Bildschirmanwendungen und zum Online-Abfragesystem (gegenwärtig ... Personal) des ... und deren Zugriffsumfang (Anlage 2).

    3.3.3 Liste über das Format der für alle Bereiche des Gesamtunternehmens zentral erstellten regelmäßigen Berichte, soweit Personen identifiziert werden können (Anlage 3) und solche Formate von zentral und regelmäßig erstellten Berichten, deren Kenntnis der Gesamtbetriebsrat zur Erfüllung seiner betriebsverfassungsrechtlichen Aufgaben benötigen könnte (Anlage 4).

    3.3.4 Ergebnisse dieser Berichte werden dem zuständigen Betriebsrat zur Verfügung gestellt, soweit es zur Erfüllung seiner Aufgaben nach dem Betriebsverfassungsgesetz erforderlich ist. Wie z. B. die Gehaltsliste und die Mehrarbeitsliste.

4. Andere Informationssysteme mit personenbezogenen Daten

4.1 Eine vollständige Liste der Systeme, die personenbezogene Daten aus dem ... enthalten, ist als Anlage 5 beigefügt und wird bei Veränderung auf den neuesten Stand gebracht.

Der Gesamtbetriebsrat bzw. der Betriebsrat hat das Recht, sich im Rahmen seiner Zuständigkeit stichprobenartig über diese Systeme bzw. Datenbanken oder Anwendungen zu informieren, und zwar in folgenden Punkten:
- zusätzlich gespeicherte personenbezogene Daten mit Beschreibungen von Verwendungszwecken;
- Format der regelmäßig erstellten Berichte, soweit Personen identifiziert werden können, und solche Formate von Berichten, deren Kenntnis der Gesamtbetriebsrat bzw. der Betriebsrat zur Erfüllung seiner betriebsverfassungsrechtlichen Aufgaben benötigen könnte;
- Ergebnisse dieser Berichte werden dem Gesamtbetriebsrat bzw. dem Betriebsrat zur Verfügung gestellt, wenn es zur Erfüllung seiner Aufgaben nach dem Betriebsverfassungsgesetz erforderlich ist.

4.2 Eine Liste der Datensysteme, die personenbezogene Daten unabhängig vom ... verwenden, wird beim Datenschutzbeauftragten geführt. Diese Liste wird dem Gesamtbetriebsrat zur Verfügung gestellt (Anlage 6).

4.3 Bei Neueinführung von Systemen mit personenbezogenen Daten hat der Gesamtbetriebsrat insoweit Mitbestimmungsrechte, als es sich um die Ausgestaltung der Systeme im Hinblick auf Auswirkungen auf die Mitarbeiter handelt. Hierzu wird der Gesamtbetriebsrat bzw. der zuständige Betriebsrat so rechtzeitig informiert, daß er seine Mitbestimmungsrechte nach dem Betriebsverfassungsgesetz wahrnehmen kann.

5. Nutzung des ... durch den Betriebsrat

5.1 Eine angemessene Anzahl namentlich nominierter Betriebsrats-Mitglieder (Ausschuß) erhalten die Möglichkeit, im nachstehenden Umfang über ein Terminal Informationen aus dem ... abzufragen:
- Tätigkeitsstruktur-Datei,
- Daten der Kostenstellendatei,
- Personaldaten von Mitarbeitern im Umfang der heutigen Betriebsratsliste (Gehaltsliste) aus der Personaldatenbank.
- Eine Verknüpfungsmöglichkeit der 3 vorgenannten Datenbereiche besteht.

5.2 Darüber hinausgehende Informationen aus dem ..., die der Betriebsrat zur Erfüllung seiner Aufgaben nach dem Betriebsverfassungsgesetz benötigt, erhält er über die Abteilung PL Personaldatensysteme bzw. über die zuständige Personalfunktion.

5.3 Der Betriebsrat ist nicht Dritter im Sinne des Bundesdatenschutzgesetzes. Betriebsratsmitglieder unterliegen den Bestimmungen des Betriebsverfassungsgesetzes in Bezug auf Schutz personenbezogener Daten und Verletzung von Geheimnissen. Der Betriebsrat gewährleistet den Datenschutz in eigener Verantwortung.

5.3.1 Betriebsratsmitglieder werden die personenbezogenen Daten nur im Rahmen ihrer Tätigkeit als Betriebsräte und zu dem zur jeweiligen Aufgabenerfüllung gehörenden Zweck verarbeiten, bekanntgeben, zugänglich machen oder sonst nutzen.

5.3.2 Die Weitergabe von individuellen Mitarbeiterdaten bedarf einer gesetzlichen Grundlage oder der Zustimmung des Betroffenen.

5.3.3 § 2 Absatz 1 und § 74 Absatz 3 des BatrVG bleiben unberührt.

5.3.4 Datenträger (einschließlich Listen, manueller Aufzeichnungen und Akten) mit personenbezogenen Daten sind vor Unbefugten innerhalb und außerhalb der ... zu sichern.

5.4 Wer im Auftrag des Betriebsrates Zugriff auf Daten des ... hat, darf von seiner Zugriffsmöglichkeit nur im vereinbarten Umfang und aufgrund eines Betriebsratsbeschlusses Gebrauch machen. Die Betriebsratsbeauftragten geben gegenüber dem Betriebsrat eine Erklärung zur Wahrung des Stillschweigens über personenbezogene Daten im Sinne von Ziffer 5.3 dieser Betriebsvereinbarung ab.

6. Schulung

Die gemäß Ziffer 5 benannten Mitglieder des Betriebsrats sind berechtigt, an Schulungen nach § 37 Absatz 6 BetrVG teilzunehmen, die den Datenschutz bei Einführung und Betrieb von Informationssystemen beinhalten. Weiter kann der genannte Personenkreis an internen Schulungen zur Nutzung der Terminals teilnehmen.

7. **Weitergabe personenbezogener Daten**

Für die Weitergabe personenbezogener Daten aus dem ... gelten folgende Regelungen:

7.1 An öffentliche Stellen werden Daten zur Erfüllung gesetzlicher oder behördlicher Vorschriften übermittelt. Eine Aufstellung der öffentlichen Stellen, die Daten erhalten, ist beigefügt (Anlage 7).

7.2 Die Mitarbeiter bestimmen selbst, ob personenbezogene Daten zu ihrer Person an private Stellen übermittelt werden dürfen, z. B. Inkasso-Vollmachten. Ausgenommen ist die Bestätigung des Arbeitsverhältnisses.

7.3 Die ... entscheidet über die Übermittlung personenbezogener Daten der Mitarbeiter an andere ... Diese werden nur übermittelt, wenn der Empfänger die Daten für seine Aufgaben benötigt und dabei schutzwürdige Belange des Mitarbeiters nicht beeinträchtigt werden, z. B. bei Auslandsabordnungen, internationalen Veranstaltungen, Jubiläen, internationale Schulen oder vergleichbaren Vorgängen

oder

wenn die Datenübermittlung der Förderung des betroffenen Mitarbeiters dient

oder

wenn der Mitarbeiter zustimmt.

8. **Auskunftserteilungen und Benachrichtigung der Mitarbeiter**

Jeder Mitarbeiter hat das Recht auf Auskunft über die zu seiner Person in Systemen gespeicherten Daten. Auf dieses Recht werden die Mitarbeiter in geeigneter Form periodisch aufmerksam gemacht. Wird von diesem Recht wiederholt und offensichtlich unbegründet Gebrauch gemacht, so kann ein Entgelt erhoben werden. § 83 BetrVG und Auskunftsrechte in bezug auf Daten in anderen Dateien bleiben unberührt.

Darüber hinaus wird für die Mitarbeiter wiederholt, nach Absprache mit dem GBR, unentgeltlich ein Auszug der im ... gespeicherten Daten erstellt.

Ausgenommen sind Daten, die individuellen Planungen dienen, z. B. Gehalts- und Promotionsplanung, Karriereplanung oder vergleichbare Vorgänge.

9. **Veränderung gespeicherter Daten auf Verlangen des Mitarbeiters**

Die gespeicherten personenbezogenen Daten sind auf Verlangen des Mitarbeiters zu berichtigen bzw. zu ergänzen, wenn der Mitarbeiter ihre Unrichtigkeit bzw. Unvollständigkeit nachweist. Daten, deren Richtigkeit vom Mitarbeiter bestritten wird und von der ... nicht nachgewiesen werden kann, sind zu löschen, soweit dem nicht gesetzliche Vorschriften entgegenstehen.

10. **Schlußbestimmungen**

10.1 Bei Meinungsverschiedenheiten über die Anwendung dieser Vereinbarung wird der zuständige Betriebsrat gemeinsam mit der zuständigen Personalfunktion unter Beratung durch den Datenschutzbeauftragten versuchen, eine Einigung herbeizuführen. Kommt eine Einigung nicht zustande, gelten die gesetzlichen Bestimmungen.

10.2 Geschäftsleitung und Gesamtbetriebsrat werden im 4. Quartal 1982 Verhandlungen einleiten, um festzustellen, ob Mitbestimmungsrechte bei Programmen, Formaten, Auswertungen, den einzubeziehenden Sachgebieten sowie bei den Empfängern und Lieferanten von Daten bestehen und weiterführende Vereinbarungen getroffen werden sollen.

Quelle: ÖTV 1983b, S. 38 ff.

Literaturverzeichnis

ASCHOFF, CHR./ KELLERMANN, H. : Personalinformationen als Voraussetzung zielorientierter Führung, in: HEINEN, E. (Hrsg): Betriebswirtschaftliche Führungslehre, Wiesbaden 1978, S. 193 - 267.

BAUER, H. : Personalinformationssysteme aus der Sicht des Herstellers, in: GRVI (Hrsg.): Personalinformationssysteme in Wirtschaft und Verwaltung, München 1982, S. 11 - 28.

BERTHEL, J. : Personalmanagement, Grundzüge für Konzeptionen betrieblicher Personalarbeit, Stuttgart 1979

BISANI, F. : Das Personalwesen in der Bundesrepublik Deutschland, Köln 1976

DERS. : Personalwesen 1, 18 Schaubilder zur Personalplanung, Herne; Berlin 1982

DERS. : Personalwesen. Grundlagen, Organisation, Planung, 3. Aufl., Wiesbaden 1983 a

DERS. : Aufgabenstruktur und Aufgabengliederung eines zeitgemäßen Personalwesens, in: SPIE (Hrsg.): Personalwesen als Managementaufgabe, Stuttgart 1983 b, S. 57 - 72.

DERS. : Personalwesen 2, 15 Schaubilder zu den Grundlagen betrieblicher Personalarbeit, Herne; Berlin 1983 c.

BLEIL, J./ KORB, H. : Das computergestützte Personaldatensystem der Volkswagenwerk AG, in: IBM-Nachrichten 234, 1977, 27 Jg. S. 23 - 27.

DIES. : Das Personal - Daten - Informationssystem PEDATIS im Hause Volkswagenwerk AG, IBM (Hrsg.), Stuttgart 1980.

BLUME, A. : Wir haben keine Chance - nutzen wir sie! Einige Bemerkungen zu Personalinformationssystemen, in: Prokla: Zeitschrift für politische Ökonomie und sozialistische Politik, Nr. 55, 1984, S. 55 - 78

BRANDSTÄTTER, H.	: Die Ermittlung personaler Eigenschaften kognitiver Art, in: REBER (Hrsg.): Personalinformationssysteme, Stuttgart 1979, S. 74 - 95.
BUSSE, D.	: Einführung in die elektronische Datenverarbeitung - Basistexte, in: WOLTERS, M. (Hrsg.): Der Schlüssel zur Computer Hardware, Reinbek bei Hamburg 1983.
DGFP (Hrsg.)	: Die Anwendung der EDV im Personalbereich, Bd.2: Personalplanung und Personalentwicklung mit Hilfe der EDV, Köln 1976.
DIETZ, R./ RICHARDT, R.	: Betriebsverfassungsgesetz mit Wahlordnung, Bd. 1, 6. Aufl., München 1981
DOMSCH, M.	: Personalinformationssysteme. Instrumente der Personalführung und Personalverwaltung, in: SCS - Schriftenreihe Bd. 6, Hamburg 1972.
DERS.	: Systemgestützte quantitative Personalplanung in der Praxis - Ergebnisse einer kritischen Bestandsaufnahme, in MÜLLER-MERBACH, H. (Hrsg.): Quantitative Ansätze in der Betriebswirtschaftslehre, München 1978, S. 345 - 360.
DERS.	: Das Problem der Kosten-Nutzen-Analyse bei Personal-Informationssystemen, in: REBER (Hrsg.): Personalinformationssysteme, Stuttgart 1979, S. 337 - 370.
DERS.	: Systemgestützte Personalarbeit, Wiesbaden 1980.
DRUMM, H.J./ SCHOLZ, CHR.	: Personalplanung, Bern/Stuttgart 1983
v. ECKHARDSTEIN, D./ SCHNELLINGER, F.	: Personalpolitik, 3. Aufl., München 1978
ELIAS, H.J./ GOTTSCHALK, B./ STAEHLE, W. H.	: Gestaltung und Bewertung von Arbeitssystemen, Frankfurt/M. - New York 1984

EMRICH-OLTMANNS, S.	: Arbeitsbuch Personalplanung - 6 Lernprogramme -, RKW 1978
FRANZ, A.	: Personalinformationssysteme und Betriebsverfassung, Köln 1983
FRIEDRICHS, H.	: Moderne Personalführung, 5. Aufl. München 1978
GAUGLER, E.	: Betriebliche Personalplanung, eine Literaturanalyse, Göttingen 1974
DERS.	: Personalwesen, in: GROCHLA, E. (Hrsg.): Betriebswirtschaftslehre Teil I: Grundlagen, Stuttgart 1978 S. 86 - 91.
GRVI (Gesellschaft für Rechts- und Verwaltungsinformatik e. V.)	: Personalinformationssysteme in Wirtschaft und Verwaltung, Beiheft Nr. 13, München 1982
GESTER, R./ MÜLDER, W.	: Beschreibung von Funktions- und Datenbeziehungen bei dem Entwurf computergestützter Personalentwicklungssysteme, Teil I, Arbeitsbericht des Fachgebiets Betriebsinformatik im Fachbereich Wirtschaftswissenschaften der Universität Essen (GHS), Essen 1983.
GOLA, P.	: Rechtliche Grenzen für Personalinformationssysteme, in: Betriebsberater (BB), 1980, S. 584 ff.
DERS./ HÜMMERICH, K./ KERSTAN, U.	: Datenschutzrecht. Erläuterte Rechtsvorschriften und Materialien zum Datenschutz, Teil 1, Berlin 1977
GROCHLA, E.	: Betriebswirtschaftslehre Teil 1: Grundlagen, Stuttgart 1978.
HACKSTEIN, R./ KOCH, G.	: Personalinformationssysteme, in: GAUGLER, E. (Hrsg.): Handwörterbuch des Personalwesens, Stuttgart 1975, Sp. 1571 - 1582.
HANAU, P./ ADOMEIT, K.	: Arbeitsrecht, 6. Aufl., Frankfurt/M. 1981
HANDWÖRTERBUCH DES PERSONALWESENS	: GAUGLER, E. (Hrsg.), Stuttgart 1975

HEINEN, E. : Betriebswirtschaftliche Führungslehre - Ein entscheidungsorienterter Ansatz, Wiesbaden 1978

HEINRICH, L./ PILS, M. : Das Aufgabensystem von Personalinformationssystemen, in: REBER (Hrsg.): Personalinformationssysteme, Stuttgart 1979, S. 1 - 28.

DIES. : Betriebsinformatik im Personalbereich. Die Planung computergestützter Personalinformationssysteme, Würzburg - Wien 1983.

HELLER, R. : Personal-Informationssysteme aus der Sicht der Arbeitnehmer, in: HENTSCHEL, B./WRONKA, G.: Personalinformationssysteme in der Diskussion, Köln 1983, S. 35 - 40.

HENTSCHEL, B. : Neue Einflußgrößen für betriebliche Personaldatensysteme aufgrund gesetzgeberischer Aktivitäten, AWV-Papier Nr. 16, Frankfurt/M. 1976.

DERS. : Anforderungen an eine Personaldatenbank aus der Sicht des Anwenders, in: REBER (Hrsg.). Personalinformationssysteme, Stuttgart 1979, S. 444 - 462.

DERS. : Mitbestimmungsaspekte bei DV-gestützter Personalarbeit, in: HENTSCHEL, B./WRONKA, G. (Hrsg.): Personalinformationssysteme in der Diskussion, Köln 1983, S. 11 - 16.

DERS./ GLISS, H. : Die Personalakte als Datei i. S. des BDSG, in: HENTSCHEL, B./WRONKA (Hrsg.): Personalinformationssysteme in der Diskussion, Köln 1983, S. 61 - 69.

DERS./ WRONKA, G. : Personalinformationssysteme in der Diskussion, Köln 1983.

DERS./ GLISS, H./ WRONKA, G. : Vorrangige Rechtsvorschriften bei Personalinformationssystemen und Abrechnungssystemen, Köln 1984.

HENSS, K./ MIKOS, L. : Personalinformationssysteme. Der große Bruder im Betrieb, Berlin 1984.

HERGENHAHN, G.	: Datenschutz, in: REBER (Hrsg.): Personalinformationssysteme, Stuttgart 1979.
HÜMMERICH, K.	: Betriebsverfassungsrechtliche Anforderungen an Personalinformationssysteme, in: Der Betrieb, 31 Jg., 1978, S. 1934 ff.
JANZEN, K. H.	: Report: Personalinformationssysteme - Der Computer wird zum Herrschaftsinstrument, in: Der Gewerkschafter 27, 1979, S. 6 - 7.
JOBS, F.	: Mitbestimmung des Betriebsrates gemäß § 87 Abs. 1 Nr. 6 Betr.Verf.G. bei Personalinformationssystemen und Bildschirmarbeitsplätzen, in: Der Betrieb 43, 1983, S. 2307 ff.
DERS.	: Mitbestimmung des Betriebsrates bei Personalinformationssystemen, in: JOBS, F./SAMLAND, J. (Hrsg.): Personalinformationssysteme in Recht und Praxis, Stuttgart 1984, S. 119 - 152.
DERS./SAMLAND, J.	: Personalinformationssysteme in Recht und Praxis, Stuttgart 1984.
KADOR, F. J.	: Die Notwendigkeit verstärkter Planung im Personalbereich, in: SPIE (Hrsg.): Personalwesen als Managementaufgabe, Stuttgart 1983b, S. 245 - 256.
DERS./ PORNSCHLEGEL, H.	: Handlungsanleitung zur betrieblichen Personalplanung, Frankfurt/M. 1977.
KARG, P.	: Rechtlicher Schutz betrieblicher Personaldaten, Arbeitspapier Nr. 42/82 des Fachbereichs Wirtschaftswissenschaften an der Freien Universität Berlin, Berlin 1982.
DERS./ STAEHLE, W. H.	: Analyse der Arbeitssituation, Verfahren und Instrumente, Freiburg 1982.
KILIAN, W.	: Arbeitsrechtliche Probleme automatisierter Personalinformationssysteme, in: Juristische Zeitung, 1977a, S. 481 - 486.

DERS.   : Melde- und Auskunftspflichten des Arbeit-
                       gebers im Personalbereich, in: Betriebs-
                       Berater 1977b, 32 Jg., S. 1153 - 1159.

DERS.   : Entwicklungsstand automatisierter Personal-
                       informationssysteme in der Wirtschaft, in:
                       GRVI (Hrsg.): Personalinformationssysteme in
                       Wirtschaft und Verwaltung, München 1982a,
                       S. 1 - 10.

DERS.   : Personalinformationssysteme in deutschen
                       Großunternehmen - Ausbaustand und Rechts-
                       probleme, 2. Aufl., Berlin/Heidelberg/New
                       York 1982b.

KITTNER, M.   : Arbeits- und Sozialordnung. Ausgewählte und
                       eingeleitete Gesetzestexte, 8. Aufl.,
                       Stuttgart 1983.

KLEBE/   : Die Rechte des Betriebsrates bei der Einführung
SCHUMANN   und Anwendung von Personalinformationssystemen,
                       in: Arbeit und Recht, 1983, S. 40 ff.

KLOTZ, U./   : Personalinformationssysteme - auf dem Weg
MEYER-DEGENHARDT, K.   zum arbeitsplatzgerechten Menschen, Reinbek
                       bei Hamburg 1984.

KOFFKA, E.   : Mitwirkungs- und Informationsrechte des Betriebs-
                       rates bei Einführung und Betrieb von Personal-
                       informationssystemen, in: JOBS, F./SAMLAND, J.
                       (Hrsg.): Personalinformationssysteme in Recht
                       und Praxis, Stuttgart 1984, S. 87 - 118.

KOSSBIEL, H.   : Möglichkeiten und Grenzen einer langfristigen
                       Personalbereitstellungsplanung mit Hilfe
                       quantitativer Ansätze, in: MÜLLER-MERBACH
                       (Hrsg.) Quantitative Ansätze in der Betriebs-
                       wirtschaftslehre, München 1978, S. 361 - 374.

KRAUS, W.   : Datensicherungsmaßnahmen nach dem BDSG,
                       Köln 1978.

KROLL, J.   : Datenschutz im Arbeitsverhältnis, Königstein
                       1981.

KUBICEK, H. : Empirische Organisationsforschung,
Stuttgart 1975.

KÜPFERLE, O. : Tendenzen der Rechtsprechung zum Einsatz
von Personalinformationssystemen, in:
KLOTZ, U./MEYER-DEGENHARDT, K. (Hrsg.):
Personalinformationssysteme, Reinbek bei
Hamburg 1984,S. 204 - 224.

LATTMANN, CHR. : Organisation des Personalwesens, in:
GAUGLER, E. (Hrsg.): Handwörterbuch des
Personalwesens, Stuttgart 1975, Sp. 1435 ff.

MASCHMANN-
SCHULZE, B.
: Datensicherung, Datenprofile, in:
KILIAN: Personalinformationssysteme in deutschen Großunternehmen, Berlin-Heidelberg-New York 1982b, S. 114 - 134 und 257 - 277.

MEYER-DEGENHARDT, K. : Was sind Personalinformationssysteme - Aufbau
und Funktionsweise, in: KLOTZ, U./MEYER-DEGENHARDT, K. (Hrsg.): Personalinformationssysteme, Reinbek bei Hamburg 1984, S. 53 - 90.

MÜLDER, W. : Organisatorische Implementierung computergestützter Personalinformationssysteme -
Einführungsprobleme und Lösungsansätze,
Berlin-Heidelberg-New York-Tokyo 1984.

MÜLLER-MERBACH, H. : Quantitative Ansätze in der Betriebswirtschaftslehre, München 1978.

MÜLLNER : Beteiligungsrechte des Betriebsrates bei Personalinformationssystemen, in: Betrieb-Berater, 1984, S. 475 ff.

NEUBERGER, O. : Die Ermittlung personaler Eigenschaften von
Führungskräften, in: REBER (Hrsg.): Personalinformationssysteme, Stuttgart 1979, S. 125 - 142.

NÜSSGENS, K.-H. : Führungsaufgabe Personalwesen. Analyse und
Maßnahmen zur Gestaltung eines Personalinformationssystems, Berlin/New York 1975.

ohne Verfasser : Arbeitsgericht Düsseldorf, Beschluß vom
9.1.1980, in: Betriebs-Berater 1980, S. 468 ff.

ohne Verfasser	: Arbeitsgericht Karlsruhe, Beschluß vom 27.01.1983, in: Der Betrieb, 1983, S. 1211 ff.
ohne Verfasser	: Arbeitsgericht Stuttgart, Beschluß vom 16.03.1983, in: Betriebs-Berater, 1983, S. 1215 ff.
ohne Verfasser	: Bundesverfassungsgericht, Urteil zur Volkszählung vom 15.03. 1983, in: Der Betrieb, 1984, S. 36 ff.
ohne Verfasser	: Geschäftsbericht der H. F. & Ph. F. Reemtsma Cigarettenfabriken GmbH, Hamburg, 1983.
ohne Verfasser	: Geschäftsbericht des Volkswagen-Konzerns, Wolfsburg 1983.
ohne Verfasser	: Landesarbeitsgericht Frankfurt, Beschluß vom 01.09.1983, in: Der Betrieb 1984, S. 459 ff.
ohne Verfasser	: PAISY Systembeschreibung, herausgegeben von SOFTMARK Henning Stodte, Bremen, 1984.
ohne Verfasser	: Wirtschaftsgesetze, Textsammlung für Juristen und Wirtschaftsfachleute, München, Stand: Mai 1985.
ohne Verfasser	: Personalinformationssysteme - Licht in der Grauzone, in: **Wirtschafts Woche** 46, 1984, S. 76 - 82.
ÖTV	: Rechtliche Eingriffsmöglichkeiten für Betriebs- und Personalräte, Stuttgart 1983a.
ÖTV	: Betriebs- und Dienstvereinbarungen, Stuttgart 1983b.
ORTMANN, G.	: Der zwingende Blick - Personalinformationssysteme - Architektur der Disziplin, Frankfurt/M./New York 1984.
POTTHOFF, E.	: Das Personalwesen, in: HAX, K./WESSELS, TH. (Hrsg.): Handbuch der Wirtschaftswissenschaften, Köln, Opladen 1958.

REBER, G. : Personalinformationssysteme, Stuttgart 1979.

REMER, A. : Personalmanagement - Mitarbeiterorientierte Organisation und Führung von Unternehmen, Berlin/New York 1978.

v. ROSENSTIEL : Die Ermittlung personaler Eigenschaften motivationaler Art, in: REBER, G. (Hrsg.): Personalinformationssysteme, Stuttgart 1979.

SADOWSKI, D. : Zur Theorie der Personalplanung, in: Zeitschrift für Betriebswirtschaft (ZfB), 51 Jg., 1981, S. 89 - 105.

SÄMAN, W./ SCHULTE, B./ WEERTS, K. : Struktureller Aufbau und Leistungsbreite bestehender Personalinformationssysteme, Empirische Studie i. A. des AWV, Frankfurt/M. 1976.

SAMLAND, J. : Mitbestimmung des Betriebsrates bei Einführung von Personalabrechnungs- und -informationssystemen, in: Betriebs-Berater, 1982, S. 1800 ff.

DERS. : Betriebsvereinbarungen zur Einführung und Nutzung von Personalinformationssystemen, in: JOBS, F./SAMLAND, J. (Hrsg.): Personalinformationssysteme in Recht und Praxis, Stuttgart 1984, S. 153 - 180.

SCHMIDT-DORRENBACH, H./GOOS, W. : Beteiligungsrechte des Betriebsrates bei Personaldatensystemen, in: Der Betrieb Heft 17, Beilage Nr. 11, 1983.

SCHMITZ, K. : Elektronische Kontrollsysteme. Grundsätze betrieblicher Regelungen, in: KLOTZ, U./MEYER-DEGENHARDT, K. (Hrsg.): Personalinformationssysteme, Reinbek bei Hamburg 1984, S. 152 - 203.

SCHULZE; H.-H. : Das rororo Computer Lexikon - Schwierige Begriffe einfach erklärt, Reinbek bei Hamburg 1984.

SCHUSTER, K. : Aufgaben, Probleme und Kontrolle von Personalinformationssystemen, in: JOBS, F./SAMLAND, J. (Hrsg.): Personalinformationssysteme in Recht und Praxis, Stuttgart 1984, S. 1 - 44.

SEIBT, D. : Phasen und Aktivitäten der Gestaltung rechnergestützter betrieblicher Informationssysteme, Teil 1, Arbeitsbericht Nr. 83/1 des Fachgebietes Betriebsinformatik im Fachbereich Wirtschaftswissenschaften der Universität Essen, Essen 1983.

DERS./ MÜLDER, W. : Rechnergestützte Informations-, Dispositions- und Planungssysteme für den Personalbereich, BIFOA - Arbeitspapier 80 A P 9, Köln 1980.

SIMITIS, SP. : Thesen zum Datenschutz im Arbeitsrecht und der Mitbestimmung bei Personal-Informations-Systemen, in: HENTSCHEL, B./WRONKA, G. (Hrsg.): Personalinformationssysteme in der Diskussion, Köln 1983, S. 31 - 33.

SÖLLNER, A. : Zur Beteiligung des Betriebsrates und zur Zuständigkeit der Einigungsstelle bei Einführung und Anwendung von Personalinformationssystemen, in: Der Betrieb, 23, 1984, S. 1243 - 1246.

SPIE, U. : Personalarbeit im Wandel. Von der Reaktion und Improvisation zur Planung und Gestaltung, in: Personalwirtschaft, Jg. 8, 1981, S. 16 - 21.

DERS. : Personalwesen als Managementaufgabe - Handbuch der Personalpraxis, Stuttgart 1983a.

DERS. : Entwicklungsphasen und derzeitiger Stand des "Betrieblichen Personalwesens", in: SPIE, U. (Hrsg.): Personalwesen als Managementaufgabe, Stuttgart 1983b, S. 3 - 56.

STAEHLE, W. H. : Management, 1. Aufl., München 1980.

DERS. : Funktionen des Managements, Bern/Stuttgart 1983.

DERS. : Management, 2. Aufl., München 1985.

STOOB : Probleme der Erfassung von Arbeitsplatzmerkmalen und -anforderungen, in: REBER, G. (Hrsg.): Personalinformationssysteme, Stuttgart 1979, S. 180 - 202.

WAGNER, D. : Personalführung und Personalwirtschaft, in: HALBACH, G. (Hrsg.): Handbuch betrieb + personal, Bonn 1982, 3. Kapitel, S. 12 - 17.

WEBER, W.	: Personalplanung, Stuttgart 1975.
WEIERMAIR, K.	: Wirtschaftlichkeit von Personalinformationssystemen (PIS), in: REBER, G. (Hrsg.): Personalinformationssysteme, Stuttgart 1979, S. 326 - 336.
WEISE, K.-TH.	: Sicherstellung des Datenschutzes bei Personalinformationssystemen, in: HENTSCHEL, B./WRONKA, G. (Hrsg.): Personalinformationssysteme in der Diskussion, Köln 1983, S. 69 - 80.
DERS.	: Wieviel Daten braucht ein Personalinformationssystem, in: HENTSCHEL, B./WRONKA, G. (Hrsg.): Personalinformationssysteme in der Diskussion, Köln 1983, S. 81 - 90.
WEITZEL, W.	: Der Schlüssel zur Computer ORGWARE - Eine strukturierte Unterweisung, in: WOLTERS, F. (Hrsg.): Einführung in die elektronische Datenverarbeitung, Reinbek bei Hamburg 1983.
WIESNER, H.	: Techniken des Personalmanagements, Wiesbaden 1980,
WIMMER, P.	: Personalplanung. Ein problemorientierter Überblick, Stuttgart 1985.
WÖHE, G.	: Einführung in die Allgemeine Betriebswirtschaftslehre, 13. Aufl., München 1978.
WOHLGEMUTH, H. H.	: Zuständigkeit der Einigungsstelle und Mitbestimmungsrecht des Betriebsrates bei der Einführung eines Personalinformationssystems, in: Die Mitbestimmung, 28 Jg., 1/1982a, S. 36 - 38.
DERS.	: Personalinformationssysteme aus der Sicht der Gewerkschaften, in: GRVI (Hrsg.): Personalinformationssysteme in Wirtschaft und Verwaltung, München 1982b, S. 61 - 70.
WOLF-KÜPPEN, P.	: Personalinformationssysteme als Instrument der Personalplanung - Praxis und Rechtsfragen, in: JOBS, F./SAMLAND, J. (Hrsg.): Personalinformationssysteme in Recht und Praxis, Stuttgart 1984, S. 45 - 86.
WOLTERS, M. F.	: Der Schlüssel zur Computer ORGWARE, Schriftenreihe angewandte Informationstechnik, Reinbek bei Hamburg 1983b.

DERS. : Der Schlüssel zur Computer HARDWARE, Schriftenreihe angewandte Informationstechnik, Reinbek bei Hamburg 1983a.

WRONKA, G. : Personal - Informations - Systeme - Betriebsvereinbarungen und Datenschutzgrenzen der Mitbestimmung, in: HENTSCHEL, B./WRONKA, G. (Hrsg.): Personalinformationssysteme in der Diskussion, Köln 1983, S. 17 - 30.

DERS. : Personalinformationssysteme und Datenschutz, in: JOBS,F./SAMLAND, J. (Hrsg.): Personalinformationssysteme in Recht und Praxis, Stuttgart 1984, S. 181 - 220.

ZANDER, E. : Mitarbeiter informieren. Information als Führungsaufgabe, 3. Aufl. Heidelberg 1982.

DERS./
DOMSCH, M. : Information im Personalbereich, Dortmund 1977.

DERS./
KNEBEL, H. : Taschenbuch der Arbeitsbewertung, Heidelberg 1978.

ZÖLLNER, W. : Arbeitsrecht, 2. Aufl., München 1979.

DERS. : Die Nutzung DV-gestützter Personalinformationssysteme im Schnittpunkt von Datenschutz und Betriebsverfassung, in: Der Betrieb, 1984, S. 241 - 246.

PERSONALFORSCHUNG 19..
Dokumentation zum Stand der Forschung.

erscheint jährlich im März, ca. 100 Seiten, DinA4-Format,
DM 24.- inkl. MWSt und frei Haus.

"Personalforschung .." gibt einen Jahresüberblick über die wissenschaftliche und praxisbezogene Literatur zu wesentlichen Bereichen im Personalwesen.

"Personalforschung .." informiert umfassend über aktuelle Zeitschriftenartikel des vorausgegangenen Jahres und enthält wertvolle Buchhinweise.

"Personalforschung .." behandelt in prägnanten Kurzinformationen folgende Themen

- Arbeitsleistung und Motivation
- Arbeitsorganisation und Arbeitszeit
- Einsatz Neuer Technologien
- Konfliktbereiche und Arbeitsbelastung
- Einstellungen zur Arbeit und Arbeitszufriedenheit
- Führungsverhalten und Führungsstil
- Personalbeurteilung
- Personalplanung und -rekrutierung
- Aus- und Weiterbildung und Karriere

"Personalforschung .." dient Praktikern und Wissenschaftlern zur Orientierung in einem immer unübersichtlicheren gleichwohl wichtiger werdenden Feld:

Dazu eine Pressestimme zu "Personalforschung 83":

> "Die Publikationen zum Personalbereich haben inzwischen ein solches Ausmaß angenommen, daß ein Überblick nicht mehr ohne weiteres möglich ist. Vom Personalwissenschaftlichen Fachverlag R. Hampp wurde aus diesem Grund eine Dokumentation zum aktuellen Stand der deutschen und amerikanischen Forschung zusammengestellt. Sie enthält Buchhinweise und vor allem Zeitschriftenbeiträge mit einer kurzen Inhaltsangabe. Die Dokumentation ist übersichtlich gegliedert nach den Bereichen ... "
> (zitiert aus Personalwirtschaft 5/84)

RAINER HAMPP VERLAG   MÜNCHEN